HOUSE of CARDS
da VIDA CORPORATIVA

Título Original - *House of Cards da vida corporativa*
Copyright © Editora Lafonte Ltda., 2017

Todos os direitos reservados.
Nenhuma parte deste livro pode ser reproduzida sob quaisquer
meios existentes sem autorização por escrito dos editores.

Direção Editorial *Ethel Santaella*

REALIZAÇÃO
Fullcase Comunicação

Coordenação Geral *Angel Fragallo*
Preparação de Texto *Juliana Klein*
Revisão *Adriana Giusti*
Diagramação e Arte *Rodrigo R. Matias*
Fotos/Ilustrações *Viorika/iStock.com*

Dados Internacionais de Catalogação na Publicação (CIP)
(Câmara Brasileira do Livro, SP, Brasil)

Miguel, Angela
  House of Cards da vida corporativa / Angela
Miguel. -- São Paulo : Lafonte, 2017.

ISBN 978-85-8186-257-6

1. Administração de empresas 2. Estratégia
3. House of Cards (Série de televisão) 4. Liderança
5. Negociação 6. Personagens fictícios 7. Sucesso nos
negócios I. Título.

17-11182   CDD-650.1

Índices para catálogo sistemático:

1. Sucesso nos negócios : Administração 650.1

Direitos de edição em língua portuguesa, para o Brasil,
adquiridos por Editora Lafonte Ltda.

Av. Profa. Ida Kolb, 551 - 3º andar - São Paulo - SP - CEP 02518-000
Tel.: 55 11 3855-2286
atendimento@editoralafonte.com.br * www.editoralafonte.com.br

ANGELA MIGUEL

HOUSE of CARDS da VIDA CORPORATIVA

O que o pulso firme do casal Underwood tem a ensinar sobre o mundo dos negócios

Lafonte

SUMÁRIO

PREFÁCIO 9

Capítulo 1
MERCADO 15
Do congresso à casa branca

Capítulo 2
SOCIEDADE 35
Uma união (quase) perfeita

Capítulo 3
LIDERANÇA 53
O maquiavel democrata

Capítulo 4
GESTÃO DE PESSOAS 73
Existe um #teamunderwood?

Capítulo 5
NEGOCIAÇÃO 93
Negociar é constante, vencer é inevitável

Capítulo 6
GESTÃO DE CRISE 113
Underwood 2016

"Decisões baseadas em emoções não são decisões. São instintos"

Frank Underwood

PREFÁCIO

POR **TATY NASCIMENTO** E **ANTONIO PRATES**

O CONVITE PARA PREFACIAR UM LIVRO SOBRE NEGÓCIOS e que traz o olhar para uma das séries mais famosas da atualidade, a House of Cards, chegou para nós como um presente e ao mesmo tempo como um desafio.

Diariamente apontamos soluções para líderes que querem alcançar resultados expressivos em seus negócios, sem que para isso precisem adotar um modelo de gestão baseado no medo e na falta de ética. Só isso já nos afastaria do estilo de liderança utilizado pelo personagem principal, Frank Underwood (Kevin Spacey), um ambicioso político americano que utiliza a sua influência a qualquer custo pelo poder.

Mas, este livro se propõe a estimular no leitor um olhar mais apurado, transformando horas de entretenimento em verdadeiras aulas sobre liderança e negócios.

Convenhamos, House of Cards e seus personagens têm muito a ensinar sobre poder de negociação, estratégia, reputação, gestão de crise e muitos outros temas que estão presentes no cotidiano de muita gente.

O desejo do sucesso é a energia que movimenta as pessoas, tanto na política quanto nas empresas. Isso não é um privilégio da Casa Branca. Ao contrário, está presente em todos os níveis de relação. A busca pelo poder é inerente ao homem e, no afã de alcançar este objetivo, eventualmente ultrapassa os limites da ética e da boa convivência. Neste sentido, vale a pena assistir à série para aprender "como não fazer".

No mundo corporativo, as relações podem ser tão complexas e cheias de códigos quanto ao que vemos na política. É preciso uma cota extra de persistência para se manter alinhado a valores éticos e não ser sugado pelo sistema. A notícia boa é que é possível jogar o jogo do poder e da influência sem ter que se tornar um vilão do quilate de Frank Underwood ou de sua esposa, Claire (Robin Wright).

Portanto, vamos já registrar aqui alguns pontos que podem ajudar a inspirar atitudes produtivas e que não necessariamente precisam estar ligados a uma conduta ilícita ou desleal.

Networking

Se você quer se tornar um melhor líder, procure se aliar a pessoas que o ajudem a crescer. Os Underwoods nos dão uma aula de *networking*, nos inspiram a estabelecer contato com quem realmente possa nos ajudar a seguir adiante. Mas vale reforçar que, diferente dos personagens da série, que se conectam a outras pessoas por interesses maquiavélicos e as descartam logo em seguida, é possível criar laços de reciprocidade real no mundo dos negócios, tentando identificar pessoas que nos impulsionam para a frente, cultivando relações genuínas.

Outro aspecto é o **senso de propósito**. Frank e Claire estabelecem metas claras em relação ao seu futuro, e, por isso, precisamos admirar a determinação que estes dois empenham para conquistá-las.

O mesmo vale para um objetivo de negócio, seja ele qual for. Quando não há clareza, é muito fácil que o líder se distraia ao longo do processo e acabe perdendo o rumo das suas ações, gerando pouco ou nenhum resultado.

Um bom líder deve sempre se perguntar: "Aonde eu quero chegar com minhas ações? Conquistar novos mercados? Concluir um projeto superando as expectativas do cliente? Engajar a minha equipe?".

E, assim como eles, sempre que você conquistar um objetivo, pode definir um novo e traçar uma caminhada de sucesso.

Gestão de crise

A trama do seriado é uma verdadeira sequência de problemas para lá de cabeludos, cada um aparentemente mais impossível de ser solucionado do que o anterior, mas Frank e Claire, mesmo nos momentos mais sombrios, seguem lutando, encontrando caminhos e formas de seguir adiante.

Assim como na ficção, o mundo real não desacelera porque o líder precisa de uma pausa ou porque já tem uma porção de problemas para resolver. Somente esforçar-se não é o bastante, pois novos problemas surgem nos momentos mais inapropriados. É preciso buscar soluções.

Aliás, a "fórmula mágica" para vencer na vida é simples: basta não desistir! E justo esta fibra, que está presente também em grandes empresários, fica bem evidenciada em todos os percalços da dupla protagonista de House of Cards. Nesse aspecto, é preciso realmente tirar o chapéu e inspirar-se com esta habilidade na gestão de crise.

Negociação

São incontáveis as cenas de negociação, em que Frank faz um trabalho fenomenal de pesquisa prévia sobre o assunto a ser abordado em uma reunião. Ele se prepara, chega a imaginar as exatas falas do seu interlocutor e antecipa como ele vai responder a cada uma das objeções.

Essa estratégia é uma lição para o mundo dos negócios. Tem muito líder por aí que, ao chegar a uma reunião, pergunta: "qual a pauta de hoje?". Isso denota falta de preparo e pode levá-lo a perder boas oportunidades.

Sociedade

Outro ponto fortíssimo e muito desafiador no mundo real que é apresentado na trajetória do casal Underwood é a desenvoltura emocional com a qual eles tratam seus problemas conjugais, sem permitir que isso coloque abaixo o resultado que querem alcançar. É muito comum que uma empresa encerre suas operações por um desentendimento entre os sócios.

Por terem objetivos muito maiores que a própria relação conjugal, os nossos personagens são *experts* em manter uma boa imagem, independentemente da situação entre eles.

PREFÁCIO

Poderíamos ficar por muito tempo aqui conversando sobre quais características e exemplos seriam aplicáveis à nossa realidade nos negócios e na vida, mas este livro que você tem agora em suas mãos trará uma abordagem muito mais aprofundada sobre temas como liderança, concorrência, parcerias, gestão de pessoas, imagem corporativa, *marketing*, entre outros.

Quer aproveitar ao máximo o conteúdo deste livro? Fica a dica: leia o livro tomando notas do que considerar mais relevante para o seu momento e, ao final, assista novamente aos episódios relacionados com as suas anotações. Treine o seu olhar para detectar esses comportamentos nos personagens e avalie se algumas dessas atitudes podem servir de referência para você.

Taty Nascimento e
Antonio Prates são
idealizadores do Canal
Vida Com Método
e especialistas em
Desenvolvimento Pessoal
para Empresas Criativas

> "Considere o final,
> não apenas o começo.
> Foque o longo prazo"
>
> **Frank Underwood**

CAP. **1**

MERCADO
DO CONGRESSO À CASA BRANCA

ELE NÃO RESPEITA AS LEIS, ainda que tenha pleno conhecimento delas. Ele ignora as regras do jogo, pois sabe que é necessário burlá-las em momentos cruciais. Ele faz o impensável e não se arrepende, afinal, não há espaço para "e se" em suas ações. Ele acha que o povo não sabe o que quer, mas que tem sorte de tê-lo como seu representante. Ele sabe colocar o regulamento embaixo do braço e jogar pelo empate quando necessário, mas também sabe quando cobrar um pênalti para fora caso acredite que passar em segundo lugar seja melhor para o chaveamento do campeonato. Ele não tem receio de usar o medo a seu favor ou de explorar o receio do erro em seus adversários. Ele é ousado, é estrategista, é implacável. Mas também é corrupto, sem ética e tampouco possui qualquer empatia pelo próximo. Mas é exatamente ele que nas próximas páginas nos ensinará como estruturar, gerenciar, liderar e executar um negócio de sucesso no mundo empresarial. Sim, ele é Francis J. "Frank" Underwood, a estrela do *thriller* político da Netflix House of Cards.

Frank pode não ser visto como o melhor exemplo de personagem para inspiração no mundo dos negócios. De congressista do Partido Democrata da Carolina do Sul, ele é apresentado como um dos líderes da maioria na casa dos deputados norte-americanos, todavia, logo se mostra como alguém capaz de tudo – absolutamente tudo – para realizar seus objetivos. Ainda que a tenacidade seja uma característica muito valorizada no mundo dos negócios, sua falta de ética ou de respeito por seus pares não é algo que queremos incentivar no universo corporativo. Muito menos, claro, sua faceta corrupta e assassina. Mas vamos deixar algumas licenças para a ficção e nos concentrar nas lições empresariais que a série concede aos fãs, que, com toda certeza, são muitas! E até mesmo deste personagem que nos causa um pouco de "aversão".

House of Cards aborda o cenário político dos Estados Unidos (e nem precisamos destacar as semelhanças com a própria política atual do país norte-americano ou mesmo do Brasil) e também retrata com bastante similaridade a rotina empresarial que muitos brasileiros enfrentam. O ambiente externo e interno estão em constante mudança e volatilidade, os concorrentes lutam a cada dia por novas estratégias de conquista dos clientes, a reputação das marcas encontra-se em leilão diante da velocidade e da exposição das redes sociais, a gestão de pessoas se resume à alta produtividade e à entrega de resultados, a gestão de crise passou a ter lugar cativo entre as prioridades da empresa, e as técnicas de negociação são tão relevantes à inovação indispensável quanto ao produto e serviço oferecidos e à maneira de conduzir o negócio.

> "A uma batida de coração da presidência e nem um só voto lançado em meu nome. A democracia é tão superestimada"
>
> Frank Underwood

Para manter a empresa nos trilhos, as vendas em alta e a satisfação dos clientes no topo, uma figura como Frank Underwood salta aos olhos. Se na primeira temporada ele gerencia as trocas do governo de Garrett Walker – presidente dos Estados Unidos – com maestria, na quinta temporada ele entende que é necessário abaixar as armas e deixar que sua esposa, Claire, tome as rédeas do comando do país. Apesar de seu jeito errático diante de (muitas) situações, Frank sabe também ser paciente, resiliente e estratégico. Acima de tudo, **Frank sabe planejar**. Seu desejo maior é calcar seu nome na história, deixar um legado para os Estados Unidos. Não ser apenas um presidente transitório, mas ser aquele que será lembrado pelas próximas e futuras gerações. O que ele pode ensinar, então, sobre administrar sua empresa?

Ora, você deve encarar da mesma maneira com que Frank encara os Estados Unidos e a Casa Branca. Sua empresa precisa ser bem estruturada, precisa ser forte e resiliente. Diante de adversidades externas ou do próprio mercado, precisa resistir e persistir, não deixar de atender seus clientes ao passo em que se protege de ameaças de fora. Para isso, **saber planejar é essencial**. Dos mínimos detalhes às grandes decisões, como diria Frank, "foque no longo prazo". Se ele demorou cinco temporadas para se consolidar no poder, você pode investir alguns meses e se preparar com segurança para fazer uma estreia em bom estilo no mercado.

Todo início de um negócio depende de um longo e profundo estudo de mercado. Se você ainda não o fez e já está alguns passos à frente, pare tudo e recomece, ou isso voltará para assombrá-lo em pouquíssimo tempo (está aí um conselho que Frank daria, não é mesmo?).

Para sentirmos o que esperar de Frank e de House of Cards como um todo, o personagem quebra o que chamamos de "quarta barreira", o momento em que ele fala com o espectador, tornando cada um de nós seus cúmplices, cientes e passivos de suas artimanhas. Uma experiência tão intensa para os amantes do cinema como aquela promovida pelo diretor Stanley Kubrick em *Laranja Mecânica* ou pelo personagem Ferris Bueller em *Curtindo a Vida Adoidado*. Por meio dessa tática, rapidamente entendemos que Frank está há muitos anos no Congresso norte-americano e no Partido Democrata, mas agora não perderá mais tempo realizando alianças e conduzindo manobras em nome da maioria do seu partido. Não! Agora é sua chance de estrelato com a eleição à presidência dos Estados Unidos da chapa de Walker, pois, como prometido durante a campanha, Frank será alçado ao cargo de Secretário de Estado. Para que seu plano se concretize, contudo, sabemos que ele agiu durante os anos anteriores e construiu um longo caminho até ali, ainda que não tenhamos acesso a ele na série.

Esse mesmo planejamento prévio também deve ser feito pelo dono do negócio. É uma grande prova de amadorismo – diria Frank – abrir uma empresa em um setor desconhecido, em um ambiente onde não se conhecem os *players*, em que não se sabe quem são os juízes, quais são as faltas mais cometidas ou quais são os times "copeiros", aqueles que, mesmo com uma equipe desfalcada, conseguem conduzir a partida para a prorrogação e levar o caneco para casa.

Logo, o primeiro ensinamento de Underwood é entender o ambiente externo, nacional e/ou internacional, analisar o macroambiente em que a empresa será inserida. Em um Plano de Negócios, todo empreendedor precisa ter de forma clara em qual ambiente sua empresa irá operar e quais são as variáveis que devem ser consideradas.

Por trabalhar no Congresso, Frank sabe que o discurso é barato e raso, visto que as atitudes são verdadeiras provas de quem as pessoas realmente são e há traições por todos os lados. Essa é a natureza do ambiente em que está inserido. No caso empresarial, toda e qualquer organização pode ser afetada por **quatro forças macroambientais**. São elas: político-legais, tecnológicas, econômicas e sociais. Claro que nesse cenário existem as grandes empresas com poder para sugerir modificações na legislação ou na estrutura tecnológica do setor, mas geralmente essas forças não são controladas diretamente por corporações.

No campo das forças político-legais, toda empresa deve entender questões de legislação que envolvam seu setor de atuação. Emendas e sentenças judiciais podem afetar em menor ou maior impacto a produção de seu negócio ou pode influenciar o poder de compra e as operações comerciais dos clientes. Um exemplo recente se deu na cidade de São Paulo com a lei que impediu a distribuição de sacolas plásticas nos mercados e provocou uma grande baixa para as empresas produtoras desse material na capital. A legislação em vigor também atribui cores e materiais para usos exclusivos dessas sacolas, como as verdes para material destinado à reciclagem e cinza escuro para lixo orgânico. Outro exemplo aconteceu na década de 1990, nos Estados Unidos. Na época, a administração pública fez cortes de gastos na área de defesa, o que resultou em demissões em grandes organizações do setor, que diminuíram suas produções de armas e materiais bélicos. Contudo, o impacto para milhares de pequenos fornecedores foi ainda maior, o que resultou no aumento do desemprego e na queda de renda de parte da população.

Dentre as forças econômicas, o que nos interessa são, por exemplo, o aumento ou a diminuição do Produto Interno Bruto (PIB) da nação, a volatilidade das taxas de juros, que afetam decisões estratégicas como o levantamento de fundos para expansão de instalações, as taxas de inflação, que podem levar a uma recessão, e o valor do dólar e de outras moedas estrangeiras. Para aqueles que trabalham com o setor agropecuário e com exportação, a valorização ou desvalorização das taxas cambiais é um fator fundamental para as operações diárias. Com relação ao campo tecnológico, especialmente com as evoluções dos últimos 20 anos, é impossível pensar em uma empresa que chega a um setor e é incapaz de identificar as oportunidades ou ameaças tecnológicas existentes.

> "Após 22 anos no Congresso, sei identificar para que lado o vento sopra"
>
> **Frank Underwood**

A demanda por novidades é cada vez mais intensa, e uma grande parcela das organizações hoje já entendeu que destinar parte dos custos para áreas de inovação tecnológica é um investimento que vale a pena ser feito. Essa lição deveria ter sido aprendida, inclusive, por gigantes como a Kodak, referência no mercado de fotografia analógica, mas que não soube se reinventar e perdeu espaço com as inovações do ramo.

Finalmente, as forças sociais se revelam muito importantes para a análise do ambiente externo, uma vez que toda compra está relacionada a sentimentos, tradições, valores, expectativas e tendências sociais. Campanhas pelos direitos das mulheres e de igualdade racial, por exemplo, pautam a produção de grandes empresas e devem ser constantemente avaliadas no momento da abertura de uma empreitada. Por outro lado, o crescimento do número de obesos, especialmente entre crianças e adolescentes, coloca em risco muitas das empresas de comida rápida e suas campanhas que associam o consumo de seus alimentos à felicidade.

Em suma, o empresário deve entender quais são as forças que comandam o setor em que está inserido e como, por meio de um planejamento estratégico, é possível operar com eficácia mesmo a partir de ameaças ou restrições. De cara, percebemos que Frank não estava preparado para uma dessas forças em seu planejamento. Ao ser avisado por Linda Vasquez, chefe de gabinete de Walker, que não seria nomeado Secretário de Estado devido à sua influência no Congresso, Underwood não prevê o revés e muda toda sua estratégia de carreira em poucas horas. Mas Frank conhece como funciona a máquina política e todos os seus pormenores, possuindo os mecanismos para iniciar seu novo planejamento com o auxílio de seu fiel escudeiro, Doug Stamper – diretor de estratégia de Frank.

> "Empreendedorismo não é nem ciência nem arte. É uma prática. Naturalmente, isso demanda uma base de conhecimento. [...] Como em todas as práticas, a Medicina ou Engenharia, por exemplo, o conhecimento, na execução do empreendimento, é um meio para um fim"
>
> Peter Drucker

Quando Underwood recebe a missão de colocar em vigor a nova lei de educação nos 100 primeiros dias do mandato do presidente Walker, ele entende que é hora de saber onde pisar para poder dar passos fundos e certeiros. Para isso, cerca-se de autoconfiança e de nomes como Donald Blythe, um idealizador e velho defensor de uma política de educação mais à esquerda – que mais para a frente torna-se vice-presidente de Frank. Ainda que sua escolha por Blythe pareça satisfazer o partido, ao mesmo tempo, Underwood mantém a mente ligada. Ao trabalhar em um terreno que conhece pouco, o da educação, solicita que Doug encontre os melhores expoentes do assunto nas principais universidades do país, que compõem a chamada Ivy League (Brown, Columbia, Cornell, Harvard, Princeton, Yale, Dartmouth e Universidade da Pensilvânia). Isolados em uma sala ao lado de seu gabinete, os jovens estudantes devem traçar um plano de educação que passe no Congresso e seja aceito pelos republicanos e pelos sindicalistas.

Em paralelo, Frank dá seu jeito de fazer com que um vazamento exponha as ideias esquerdistas de Blythe, o que lhe propicia plenos poderes para tocar a lei da educação à sua maneira. Ao testar uma nova área do conhecimento político, Frank sabe que é necessário fazer uma análise do setor até então desconhecido. Esse é o segundo ensinamento para aqueles que estão iniciando no mundo dos negócios. Após entender e identificar quais são as forças macroambientais, o empreendedor deve fazer uma varredura sobre **cinco forças básicas do setor**, descritas pelo professor Michael E. Porter, autor dos livros *Vantagem Competitiva* e *Estratégia Competitiva*. São elas: 1) as ameaças de entrada de novos concorrentes; 2) a intensidade da rivalidade entre os concorrentes existentes; 3) a ameaça de produtos ou serviços substitutos; 4) o poder de barganha dos compradores; 5) o poder de barganha dos fornecedores.

A importância dessa segunda análise prévia para o Plano de Negócios é encontrar qual posição a nova empresa assumirá no setor e como ela poderá atuar perante cada uma dessas forças.

Sobre as **ameaças de entrada**, não resta muita dúvida. A cada nova companhia que ingressa em um setor, seja ela uma multinacional ou uma microempresa, esse crescimento acentua a disputa por fatias do mercado. Rapidamente, isso pode significar que preço e lucratividade de todo o setor podem diminuir – e que você, empresário, ganhará menos dinheiro também. Além disso, todo novo negócio precisa lidar com algumas barreiras e com uma possível retaliação dos próprios concorrentes do setor. Entre as barreiras de entrada mais comuns estão, por exemplo, economias de escala, diferenciação de produtos e acesso a canais de distribuição.

Em paralelo, a **intensidade da rivalidade entre os concorrentes** deve ser considerada, especialmente no caso de mercados tomados por poucas empresas. Esses nichos parecem ser menos competitivos, pois as organizações atuantes costumam se equilibrar em porte e em poder, de forma a regulamentar o setor, impedindo a entrada de novos *players*. Por outro lado, em mercados com alta concentração de corporações, algumas delas podem fazer movimentações competitivas sem serem notadas, uma vez que o setor é cheio, o que também é perigoso para o novo ingressante.

A **pressão de produtos substitutos** também pode ser uma via arriscada para o dono do novo negócio. Isso significa que não se deve conhecer apenas os concorrentes diretos, mas também os indiretos, aqueles que parecem não representar ameaça, porém que possuem produtos ou serviços capazes de oferecer alternativas às necessidades de seus clientes. O cinema tem enfrentado esse tipo de ameaça com a proliferação das plataformas de vídeo sob demanda, como Netflix, Hulu e Amazon Prime Video, ainda que não sejam concorrentes diretos, assim como as próprias TVs por assinatura. Espectadores têm deixado de ir ao cinema para assistirem a filmes ou séries nesses aplicativos, no conforto de suas casas, pelo pagamento de assinaturas mensais. Por outro lado, caso a nova empresa ingresse em um ramo em que não há produtos ou serviços substitutos, a tendência de lucratividade é bem mais alta e perene.

Assim como Underwood sabe que precisa de seus pares no Congresso para aprovar a lei da educação, todo empresário sabe que precisa cultivar um relacionamento fiel com fornecedores e clientes, uma vez que necessita de insumos diversos repassados por fornecedores e dos clientes para comprarem seus produtos ou serviços. Dessa forma, há uma grande vantagem em saber quais armas os compradores de insumos do seu setor detêm que podem afetar sua lucratividade. Esses compradores podem: adquirir grandes quantidades de insumos em relação ao total de vendas do setor, detendo poder sobre os preços; fazer compras seletivas e buscar preços mais atraentes; diante das inúmeras fontes de informações sobre serviços e produtos, eles sempre saberão sobre a demanda, os preços reais do mercado e os custos do fornecedor, aumentando seu **poder de barganha** com o dono do negócio. O mercado de fornecedores, por sua vez, é outro tema de análise, visto que possui tanto poder de barganha quanto os compradores. Os fornecedores concentrados podem exercer controle sobre os preços, a qualidade e até os termos de venda.

> **FATO REAL**
>
> ## Equilíbrio na concorrência
>
> O setor de refrigerantes é um dos mais equilibrados, dominado pelas grandes corporações **PepsiCo** e **Coca-Cola**. Ainda que pareçam semelhantes, escolheram trilhar caminhos diferentes em seus negócios. Enquanto a Coca-Cola se firmou no mercado de refrigerantes, a PepsiCo diversificou ao atuar também com salgadinhos e restaurantes *fast-food* com as marcas Pizza Hut e KFC. Entretanto, com o crescimento dessas redes de comida rápida, a PepsiCo voltou seu foco para o ramo dos refrigerantes. Nos últimos anos, as organizações seguem no embate do setor, tentando regular preços, controlando canais de distribuição e investindo em outros tipos de bebidas, como chás gelados, sucos de frutas, águas gaseificadas com sabor e a própria água engarrafada.

O problema é que Underwood trabalha com política, um universo que diz respeitar as instituições e as constituições – mas sabemos bem que discurso e prática não andam de mãos dadas nesse campo. Assim, a análise das forças macroambientais e a análise setorial são superficiais para alguém com as missões de Frank, isto é, aprovar uma nova lei da educação nos primeiros 100 dias da gestão Walker e abafar uma greve dos professores sindicalizados. Ciente dos riscos que essa greve poderá trazer para o novo presidente em exercício, Frank senta-se com Doug para descobrir maneiras de conquistar o apoio necessário no Congresso e, paralelamente, convencer os sindicatos de que as reformas propostas virão para o melhor dos profissionais. Ambos iniciam uma especulação sobre os próximos passos de Marty Spinella – líder dos sindicatos dos professores que se opõe às medidas no projeto de lei de educação de Frank – e do democrata Bob Birch, que representa um distrito do Congresso de Michigan.

Underwood, mais uma vez, mostra um terceiro passo para as análises do ambiente de negócios. São as **análises de tendências futuras**, que podem ser divididas em três etapas: a análise de séries temporais (em que é possível determinar a influência de tendências específicas na empresa, como o crescimento da população, as flutuações sazonais e as inovações tecnológicas sobre variáveis, como custos, lucratividade, vendas e participação de mercado sobre um determinado número de anos, gerando dados quantitativos), a previsão por julgamento (em que funcionários, clientes, fornecedores ou sindicato são utilizados como fontes geradoras de dados qualitativos sobre tendências futuras) e os cenários múltiplos (em que profissionais formulam diversas suposições sobre tendências e eventos futuros a respeito de condições econômicas e ambientais, como eleições, greves, regulamentações ambientais, preços de matéria-prima, etc.).

Essas especulações futuras que Frank e Doug fazem são responsáveis pela infame tática do tijolo que atinge a casa dos Underwoods em meio às tensões da greve dos professores. A "agressão" imposta ao casal, em seu lar, torna-se a principal arma de discurso para Frank Underwood colocar a imprensa e os políticos contra Marty Spinella e os sindicatos dos professores. Entretanto, logo entendemos que toda a estratégia foi construída por Doug e Frank, de forma a levar Spinella ao limite e agredir fisicamente Frank em seu gabinete, encerrando a greve.

> "– Doze votos?
> **Womack**
>
> – Doze votos.
> **Underwood**
>
> – Conseguirei dez, provavelmente onze.
> **Womack**
>
> – É tão revigorante trabalhar com alguém que sela um cavalo presenteado, em vez de examinar sua boca"
> **Underwood**

A observação e a construção estratégica da dupla também foi fundamental para que Frank conseguisse uma vantagem sobre o Congresso, Bob Birch e a bancada democrata para a aprovação da lei de educação. Para que nosso anti-herói colocasse a lei na pauta do Congresso e tivesse a certeza dos votos para sua aprovação, Frank precisou contar com uma nova peça em seu jogo de poder que executaria seus planos sem questionamentos, alguém que precisasse de sua ajuda para que ele pudesse utilizar quando necessário. Nesse cenário surge Peter Russo, congressista da Pensilvânia com uma longa lista de indiscrições que passam pela contratação de prostitutas, direção sob influência de álcool e uso de cocaína. Enquanto Frank consegue apagar os incêndios com Marty Spinella e lida com as desconfianças de Linda Vasquez e do próprio presidente Walker, Doug tenta acobertar os escândalos de Peter Russo e determina suas ações para que, de uma só vez, ele seja decisivo para a aprovação da lei de educação (ao abrir mão do estaleiro de seu Estado em nome da manutenção do estaleiro de um representante da bancada negra do Partido Democrata) e para a substituição do senador Michael Kern, o escolhido pelo presidente como Secretário de Estado no lugar de Frank.

Após uma avaliação minuciosa de todas as oportunidades e ameaças propostas pelo ambiente externo e pelo setor em que a empresa será inserida, é hora de olhar para dentro das organizações. Se Frank deseja não apenas vingar-se de ter sido preterido para a vaga de Secretário do Estado, mas alcançar um posto muito mais poderoso, ele sabe que é necessário ter plena consciência de seus atos e de como agem aqueles que estão ao seu redor e que podem executar ações em seu benefício. Toda empresa precisa ter um propósito, este por sua vez deve estar ligado de forma estratégica ao objetivo de trazer riquezas, lucro aos acionistas, aos *stakeholders*.

Em House of Cards, o propósito principal de Frank Underwood é ascender na carreira política até o lugar mais alto, afinal, como ele próprio diz, a política funciona de forma muito semelhante ao mercado imobiliário, em que o importante se resume à localização. Portanto, quanto mais próximo do posto mais alto – no caso a presidência – melhor colocado está. E sabemos que Frank não deseja nada menos que o maior poder possível, o verdadeiro poder.

Uma das formas mais populares de chegar ao propósito de uma empresa e examinar o seu **contexto interno** é por meio da análise SWOT (*Strengths, Weakness, Opportunities, Threats*), que identifica os pontos fortes e fracos internos e as oportunidades e ameaças externas. A avaliação das forças macroambientais e da análise setorial já foram importantes para a definição das oportunidades e das ameaças da empresa. Já os pontos fortes e as fraquezas constituem os recursos existentes e que estão na mão do dono do negócio, por conseguinte, os recursos humanos, organizacionais e físicos. Quando há equilíbrio e excelência desses três itens, podemos dizer que a empresa possui uma vantagem competitiva sustentada perante o mercado.

Em geral, os empreendedores e donos de negócios possuem personalidade otimista e ambiciosa, o que pode torná-los pouco profundos para analisar as fraquezas de seu negócio. Todavia, esse é o momento de ser franco e de contar com pessoas de confiança para apontarem onde há espaço para melhorias. Nenhuma empresa faz tudo perfeitamente, há sempre aspectos que precisam de atenção ou de correções, ainda que pontuais. O esforço de encontrar esses espaços, possíveis erros ou ajustes pode parecer muito complexo ao primeiro olhar, mas é um exercício importante para todo empreendedor e que pode abrir novas oportunidades no futuro. Se Frank não tivesse controlado seu ímpeto de vingança ao ser negado para o cargo de Secretário de Estado e vislumbrado o cargo de vice-presidente, provavelmente ele jamais teria conquistado uma posição ou outra. Para isso, precisou se cercar de pouquíssimos (mas confiáveis) funcionários e de parceiros estratégicos. Mostrou, desse modo, que por mais que o dono do negócio possua os melhores sistemas e estruturas ou a melhor localização geográfica, sua empreitada jamais conseguirá perpetuar se não possuir uma talentosa força de trabalho ao seu lado.

O componente humano é imprescindível para a análise dos pontos fracos e fortes de uma empresa. Os recursos humanos podem ser avaliados conforme três níveis: conselho de administração, alta administração e supervisores e funcionários. Localizados no topo da hierarquia, o conselho de administração está envolvido em todos os assuntos corporativos da empresa e influenciam fortemente as decisões estratégicas.

Será que a análise deve levar em conta aspectos com os quais são as contribuições que as figuras do conselho trazem para a empresa? Ele possui experiência e conhecimento do mercado e das políticas realizadas no setor? Ele representa os interesses dos *stakeholders* como um todo, até mesmo interesses da comunidade em que a empresa está inserida? Deve-se realizar algum tipo de rotatividade dos membros do conselho?

Para a alta administração, isto é, os executivos e diretores da empresa, seus objetivos devem ser cumprir os interesses dos *stakeholders*. Mas como é seu estilo de administração e sua capacidade de tomar decisões? Eles conseguem fazer com que as equipes entendam as decisões do negócio? Possuem espírito inovador e capacidade de desenvolvimento de pessoas e de estratégias? Eles dão mais atenção aos clientes externos ou se ocupam de gerenciar as operações e os grupos de interesse internos? Já no caso de supervisores e funcionários, a análise deve respeitar as singularidades e o trabalho em equipe.

A combinação dos talentos e das habilidades de cada integrante é elemento essencial para o sucesso das ações traçadas pelo conselho de administração e implementadas pela alta administração. Dessa forma, é preciso se perguntar quem são as peças dessa grande estrutura. O que cada um traz de melhor e também o que pode aprimorar em suas entregas? Qual é a taxa de rotatividade dos funcionários em relação ao restante das empresas do setor? Há um processo estruturado de *feedback* e ações que acompanhem os resultados? Há algum tipo de programa de carreira e de desenvolvimento pessoal e profissional?

Após a análise dos recursos humanos, o próximo passo é avaliar os recursos organizacionais disponíveis em sua empresa. Essa avaliação está ligada aos sistemas e processos, produções e operações, sistemas de informação e de controle e outras estratégias da empresa. Para uma análise profunda, algumas perguntas devem permear o dono do negócio, como se os objetivos, a missão e o propósito da empresa estivessem implícitos nas estratégias de níveis empresarial e funcional. Todas as unidades de negócios estão representadas no quadro geral da empresa e estão conectadas? As áreas possuem diálogo consistente e constante? Há centralização nas decisões ou as áreas possuem voz ou espaço para opiniões? A cultura da organização reflete sua estratégia empresarial?

Finalmente, é preciso avaliar os recursos físicos presentes na estrutura da organização. Os equipamentos, *softwares* e sistemas estão atualizados? A empresa possui tecnologia atualizada em face dos concorrentes (especialmente nos dias atuais em que essa é uma enorme vantagem competitiva)? Há capacidade adequada de produção e de entrega dos serviços/produtos? Todos os clientes são atendidos por meio da rede de distribuição da empresa? Há locais que ainda precisam ser atendidos? A localização geográfica da empresa facilita os negócios? É dependente de matéria-prima ou mão de obra especializada? Se sim, possui fornecedores de confiança e fontes de suprimento?

A partir das respostas e das avaliações profundas e sinceras dos pontos fracos e fortes de sua empresa, é possível dar o próximo passo e fazer marcação cerrada sobre dois dos últimos elementos fundamentais no planejamento do estudo de mercado: as alianças e parceiros de negócio e a concorrência.

Análise SWOT de House of Cards

FORÇAS	Pragmatismo de Frank Underwood; Poder de influência política; Planejamento de longo prazo; Dossiês contra inimigos; Profundo conhecimento da máquina política; Alianças que sempre devem algo a Frank.
FRAQUEZAS	Ambição que não vê limites; Arrogância ao lidar com adversários; Poucas parcerias legítimas e cooperativas; Impossibilidade de apagar todos os rastros; Inconstâncias de Claire.
OPORTUNIDADES	Trânsito político; Ascensão na carreira; Alianças valiosas para mais adiante; Conquista dos objetivos (vice-presidência e presidência dos Estados Unidos).
AMEAÇAS	Inimigos políticos; Política externa; Superexposição de cargos mais altos; Excesso de promiscuidade no jogo político.

Em sua caminhada do Congresso à vice-presidência, Frank Underwood enfrentou oponentes diversos e em todas as frentes de ataque. Mal sabia ele que as ameaças se amontoariam conforme sua ascensão política. Alguns deles trabalharam de maneira furtiva; outros fizeram jogo duplo. Frank também precisou lidar com peças como Zoe Barnes, a repórter astuta e cheia de ambição que logo se aliou a Frank, e sua própria esposa, Claire. Ambas se mostraram voláteis durante a primeira temporada – ora posicionadas como aliadas, ora como perigosas inimigas. Por isso, uma das grandes virtudes do nosso anti-herói é seu faro para desvendar as vontades e necessidades de seus concorrentes.

A análise do **ambiente competitivo**, consequentemente, é outro dos ensinamentos de Underwood para os empresários e empreendedores. Conhecer e avaliar a concorrência a fundo é entender com quem está lidando e qual é a melhor estratégia de ataque (ou de defesa) para seu planejamento de negócio.

Após ser protelado para o cargo de Secretário de Estado, Underwood rapidamente solicitou a Doug que descobrisse tudo sobre a vida e a carreira política do escolhido para o posto, Michael Kern. Ao descobrir sua atuação durante a faculdade em um jornal local e sua posição sobre a questão internacional entre israelenses e palestinos, Frank utilizou Peter Russo para traçar a ofensiva sobre Kern por meio de um editorial escrito por Roy Kapeniack e assinado por Kern, repleto de opiniões polêmicas. De forma a conseguir colocar uma Secretária de Estado que fosse uma parceria em seus planos – Catherine Durant –, Underwood soube buscar o calcanhar de Aquiles de Kern e construir uma narrativa que forçasse Walker a retirá-lo do cargo. Da mesma maneira, o até então congressista do Partido Democrata agiu para ganhar a questão da lei da educação sobre Marty Spinella, utilizando o temperamento do ex-amigo para provocar uma situação insustentável para o representante do sindicato dos professores.

Ao fazer a Análise da Concorrência, é preciso entender quais são seus pontos fortes e fracos no mercado, quais são suas melhores ofertas e produtos e quais são os espaços possíveis para que sua empresa faça frente ao que já existe no ramo. É indispensável compreender a demanda e a oferta realizada. O concorrente nem sempre atua com os mesmos produtos ou serviços, assim, se faz necessário entender todo o ciclo do produto e todas as necessidades que estão envolvidas na compra daquele serviço.

Para fazer uma análise prévia, é dever do empresário saber os volumes oferecidos pela concorrência, qual é o *market share* de seus oponentes, quais regiões são atendidas, quais são seus canais de atendimento e qual é o porte de cada rival. Essas informações podem ser obtidas a partir de pesquisas primárias, em que os dados são obtidos com as próprias empresas, e de pesquisas secundárias ou de forma indireta, em que os dados surgem por meio de associações, sindicatos e órgãos de classe. Outra fonte importante de dados sobre os rivais são os fornecedores, que geralmente trabalham não só para você, mas também para a concorrência e podem opinar sobre o que eles oferecem.

Contudo, há ainda situações em que a relação com os concorrentes pode ser benéfica. Frank soube enxergar isso quando, sabendo do comportamento dos republicanos, reuniu votos suficientes para virar o clima do Congresso na direção de seus interesses, de forma a melhorar sua imagem com o presidente Walker. Assim como, ao compreender o movimento de Walker e de Raymond Tusk para nomeá-lo como vice-presidente, ele soube manter vantagens estratégicas diante do empresário norte-americano. Existem as trocas com *players* cooperativos, em que as empresas de ramos diferentes se beneficiam mutuamente, embora geralmente com trocas não muito óbvias. Wright, Kroll e Parnell[1] dão o exemplo das trocas que poderiam funcionar entre fornecedores de dióxido de carbono e a PepsiCo. Enquanto a matéria-prima poderia ser utilizada para carbonatação pela PepsiCo, ela também poderia oferecer a matéria-prima para o congelamento de alimentos processados, como frango para as unidades das marcas KFC e Taco Bell, pertencentes à PepsiCo.

Outro tipo de parceria com os concorrentes é a chamada troca com *players* concorrentes. Utilizando o mesmo exemplo anterior, uma vez que a Coca-Cola é parceira da Disney, a PepsiCo é impedida de vender seus produtos em locais que dividam marcas ou façam negócios com a Disney. Ao mesmo tempo, a Coca-Cola não venderia seu refrigerante nas lojas da Pizza Hut, Taco Bell e

---

[1] Exemplo descrito na obra *Administração Estratégica* (2000).

KFC, restaurantes que pertencem à PepsiCo. No entanto, ambas as marcas de refrigerante poderiam ser beneficiadas por uma empresa de dióxido de carbono para carbonatação das bebidas. Ou essa mesma empresa poderia oferecer a matéria-prima para congelamento de frangos utilizados tanto no KFC quanto no McDonald's ou no Burger King a preços mais interessantes para todos.

A identificação e a análise dos concorrentes se mostram tão essenciais para o sucesso de uma empresa quanto a escolha dos **parceiros estratégicos** nessa trajetória de negócio. Podem ser parceiros comerciais, administrativos, de distribuição ou de outra natureza, mas são todos parte da engrenagem de funcionamento dessa empreitada. Saber quem são, o que podem oferecer, o que podem solicitar e como atuam no mercado também são informações detalhadas que fazem valer a sobrevivência e o sucesso da empresa. Frank faz sua política de favores para aumentar o poder de suas alianças, mas todas elas acabam por decepcioná-lo em alguns momentos – esta é a natureza do cenário político.

Poucas são alianças sinceras ou que não voltam para assombrá-lo nas temporadas seguintes. Em sua equipe, Frank conta com a obediência e o apoio de Doug Stamper. Até grande parte de sua caminhada para a vice-presidência, Zoe Barnes foi também uma

> "É sempre bom que lhe devam favores"
>
> **Frank Underwood**

importante aliada ao jogar na imprensa furos entregues por ele de forma inteligente. Apesar do escorregão de Claire diante da resistência de seu marido ao ajudá-la com sua empresa e com suas necessidades, ela mostrou que sua ambição pelo poder é tão grande quanto a do marido, o que faz com que volte para a residência em Washington após a morte de Peter Russo. Nos últimos episódios da primeira temporada, aparentemente, Raymond Tusk parece ser um aliado de peso para os planos de Underwood na vice-presidência da gestão Walker. Frank também busca o apoio de Catherine Durant em sua posição recém-conquistada no governo, assim como de outras figuras do Congresso.

Entretanto, como estamos falando de House of Cards, as reviravoltas são tão emocionantes quanto cada nova conquista de Underwood em sua escalada máxima pelo poder.

✦ ✦

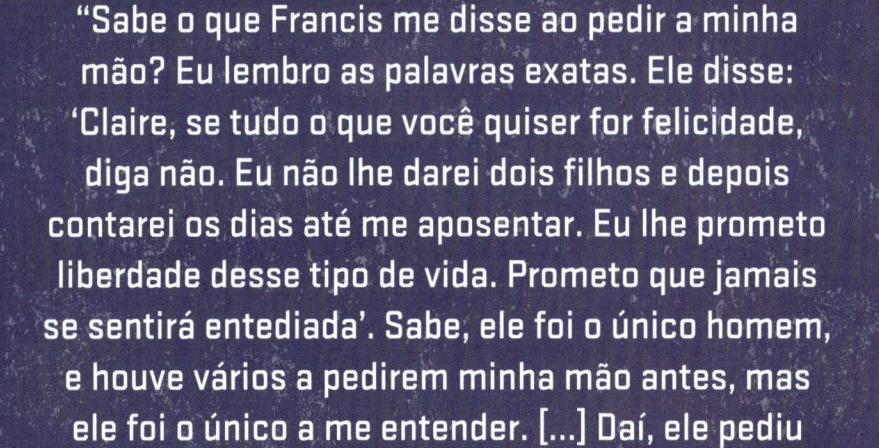

"Sabe o que Francis me disse ao pedir a minha mão? Eu lembro as palavras exatas. Ele disse: 'Claire, se tudo o que você quiser for felicidade, diga não. Eu não lhe darei dois filhos e depois contarei os dias até me aposentar. Eu lhe prometo liberdade desse tipo de vida. Prometo que jamais se sentirá entediada'. Sabe, ele foi o único homem, e houve vários a pedirem minha mão antes, mas ele foi o único a me entender. [...] Daí, ele pediu minha mão e pôs um anel em meu dedo, pois ele sabia que eu ia dizer sim. Ele é um homem que sabe como agarrar o que quer"

Claire Underwood

CAP. **2**

SOCIEDADE
UMA UNIÃO (QUASE) PERFEITA

O ANO É 1987. Ela, uma jovem de apenas 22 anos, moradora de Highland Park, uma das localizações mais luxuosas do estado do Texas. Ele, mais velho, oriundo da Carolina do Sul, morador da pequena cidade de Gaffney, alguém muito aquém dos desejos da família Hale para sua filha tão bela. Mesmo diante da contrariedade da mãe da noiva, Claire Hale e Francis J. Underwood se casam e mudam para uma casa bem mais modesta na cidade natal do noivo. Em seguida, iniciam os primeiros passos para a estreia política de Frank.

O pai de Claire ajuda a financiar a campanha do genro, a contragosto da esposa, sabendo que a filha vivia uma vida bastante humilde com o marido. Apesar de ter crescido em um rancho repleto de empregados e de cavalos, Claire soube ver em Frank um futuro ambicioso, mesmo sabendo que o início poderia ser difícil e tortuoso. Ao lado de Frank, ela poderia conquistar tudo que sempre desejou. Era o casamento perfeito. A sociedade ideal. Juntos eram imbatíveis. Esse é o casal Underwood.

À primeira vista, Claire e Frank simbolizam a parceria perfeita que deve existir entre os sócios de uma empresa. Eles representam a complementaridade e o equilíbrio que tantos empresários buscam ao escolher um sócio. Afinal, dar início a uma empreitada e ter alguém para dividir dúvidas, aflições, inseguranças e contas significa um grande alívio para qualquer um, especialmente para os marinheiros de primeira viagem. É bastante comum que empreendedores busquem apoio em outro profissional de confiança para agregar valor à estrutura, dividir funções operacionais, conseguir novos clientes, alavancar financeiramente a empreitada ou avaliar e tomar decisões. A escolha por uma sociedade pode ser benéfica para a sobrevivência e a saúde de uma empresa por uma série de fatores. Pena que encontrar um sócio é quase tão complexo quando fazer um casamento durar uma vida toda ou encontrar aquela figura mítica da alma gêmea. Sim, pois, apesar de parecer um daqueles grandes clichês repetidos por toda publicação sobre negócio, uma sociedade ainda pode ser simbolizada pela instituição clássica do casamento.

Assim como o matrimônio, a sociedade empresarial enfrenta fases, como a paixão que se transforma em amor, as brigas, o desencantamento, a terapia de casal e, como em muitos casos, a inevitável separação. Contudo, o objetivo aqui é mostrar que é possível formar uma sociedade duradoura, baseada em valores éticos, mas para isso é mandatório evitar erros, tropeços e ingenuidades comuns a todo empresário e a todo negócio. Quer dizer, se nem Frank conseguiu encontrar a sociedade perfeita com Claire...

A verdade é que um bom sócio, ainda que difícil de se encontrar, pode significar a ponte para o sucesso de um empreendimento. Na mesma escala de importância, um mau sócio também pode ser a razão de seu fracasso. A questão principal é identificar o porquê de ter um sócio em sua estrutura empresarial. Convidar alguém para abrir uma empresa com você é uma decisão que deve ser tomada com calma e cuidado, e não pode levar em conta apenas necessidades passageiras. O sócio precisa sempre ser alguém que agrega qualidades e habilidades ao negócio, ou poderá tornar-se apenas um peso para a organização com o passar do tempo. Por isso, repetimos: a escolha pela sociedade é a mesma que a escolha pelo casamento. O empresário está conscientemente tomando a decisão de dividir as conquistas, os lucros (e também prejuízos e contas) de sua empreitada com outra pessoa. E esse alguém precisa estar informado de todos os riscos e relações envolvidas nesse processo. Não é surpresa que o desentendimento entre sócios seja uma das razões mais apontadas por empreendedores para o encerramento de suas empresas. Problemas societários, sejam parcerias firmadas com colegas, familiares ou profissionais de qualidade, transformam-se em algozes terríveis da saúde dos empreendimentos e uma verdadeira fonte de preocupação que não costuma ser resolvida com facilidade.

De tal modo, pergunte-se: qual o valor que um sócio irá trazer aos negócios? Como serão divididas as responsabilidades? Haverá confiança plena e mútua entre os pares? A empresa possui condições de manter um novo sócio em sua estrutura? *Em suma, o que está lhe faltando?* Geralmente, as respostas mais populares são a busca por um aporte financeiro e *know-how*. Nesses casos, o dono do negócio pode encontrar dois tipos de sócios, aquele chamado de sócio-capitalista, muito mais interessado no retorno financeiro do que nas ações do dia a dia, ou o sócio operacional, que sempre deve apresentar habilidades complementares às suas, senão a parceria pode parecer redundante.

Contudo, se alguma das respostas acima for algo próximo a "gostaria de ter alguém em quem confio ao meu lado", "tenho medo de fracassar ou tomar decisões sozinho" ou "devo isso ao meu amigo de longos anos", esqueça! A coisa toda já começou errada! Uma sociedade empresarial precisa ser sustentada por mais do que um relacionamento de gratidão ou por medo da solidão. A necessidade de um sócio deve responder a questões mais amplas, como quadro financeiro, operacional e jurídico. Claro que também pode corresponder ao emocional, mas ele sozinho não pode comandar a busca por um parceiro. Além disso, não estamos dizendo que é um erro abrir um negócio em sociedade com um amigo ou com um familiar. Há centenas de exemplos que provam experiências positivas. Mas é preciso ter cuidado redo-

> "Nós somos parceiros. Fizemos a escolha de enfrentar tudo juntos. Vamos além do que é bonito e perfeito, além do que é assustador, difícil e desconhecido. Não somos só parceiros na chapa, mas na vida"
>
> Claire Underwood

brado quando se misturam laços emocionais como esses a uma empreitada profissional, pois nenhum sentimento se traduz em segurança ou sucesso.

★★

Em House of Cards, somos testemunhas de como uma sociedade perfeita pode ser abalada com o tempo, especialmente uma estabelecida entre um casal diante da mudança de objetivos ou de expectativas. Para início de conversa, é difícil definir uma palavra que caracterize o relacionamento firmado entre Claire e Frank. Eles se amam? Desejam um ao outro? São fiéis? São leais? Confiam um no outro? Todas as certezas são postas em xeque a cada episódio. Porém, apesar de casados, a dupla é a expressão de uma parceria de negócio pura e simples, uma sociedade que funciona para além da relação pessoal. Essa relação está diretamente ligada, obviamente, ao fato de ambos entenderem que seu objetivo máximo é o poder. Claire ainda derrapa durante algumas temporadas, incerta sobre a escolha de uma vida ao lado de Frank ou uma vida de liberdade, mas a atração pela presidência dos Estados Unidos também é forte demais para que ela a negue. Frank, por sua vez, sempre deixou claro que o poder é o que guia seus passos diariamente. Como ele próprio coloca na primeira temporada, "um grande homem uma vez disse que 'tudo é sobre sexo. Exceto o sexo. Sexo é sobre poder'".

Frank executa uma trajetória obstinada desde o início. Embora seja obrigado a corrigi-la em muitas situações, ele sabe para onde caminha. Quando o conhecemos, deseja (e está certo de que assumirá) o cargo de Secretário de Estado. Todavia, ao ter a posição negada, inicia uma conspiração que o leva à vice-presidência e, então, à meta de substituir o presidente Garrett Walker na presidência dos Estados Unidos. Mas falta-lhe a legitimidade do povo para construir um legado verdadeiro e marcar seu nome na história do país. Ele sabe que precisa de Claire para derrubar todos os inimigos e vencer a eleição na quinta temporada.

Claire, por sua vez, inicia a série como a diretora de uma ONG que atua no meio civil. Mas ela também ajuda o marido a elaborar projetos de lei que, mais tarde, favorecem planos de expansão da sua organização. Ao ser comunicada de que Frank perdera o posto de Secretário de Estado, Claire entende a nova escolha política do marido. A ONG, então, é deixada de lado e Claire atua nos bastidores para se tornar a primeira-dama. Mas o papel figurativo inerente ao seu posto a incomoda e, finalmente, começamos a ver a sociedade apresentando suas primeiras quebras. Estabelece-se uma mudança de curso, já que o casal não apresenta mais o objetivo único de antes. Claire quer tanto destaque quanto Frank, quer poder fazer mais, quer ter poder de decisão, e essa falta de alinhamento causa uma série de interrupções na estratégia traçada por eles no início da trama.

Esse é um dos problemas mais comuns que surgem em uma sociedade. A conversa entre os futuros sócios precisa ser transparente desde o início, pois cogitar alguém que não apresente os mesmos objetivos, valores e ética no que diz respeito à gestão de um negócio é um perigo muito grande. Imagine aliar-se a um profissional que, ao contrário de você, topa burlar a legislação para pagar menos impostos? Ou que não tem receio em usar uma posição profissional para pressionar outros *players* do mercado? Tensões e atritos são comuns – e até benéficos para as decisões a serem tomadas –, mas as ações devem representar o pensamento da empresa. As decisões precisam ser claras, e o estresse pode diminuir consideravelmente caso ambos os sócios falem a mesma língua e tenham a mesma visão do futuro. Claro que as personalidades e as formações podem ser diferentes, mas para ter alguém ao seu lado que não apresenta o mesmo planejamento a longo prazo ou apenas por conta de capital – e não valer tanto a pena assim –, talvez a melhor escolha seja abrir a empresa do "Eu Sozinho Ltda.".

Outra questão essencial é que os sócios estejam na mesma página de vida, isto é, possam se dedicar à empreitada com a mesma vontade e a mesma gana.

> "Fique comigo. Somos nós contra eles. Sempre. Senão, de que adianta? (...) Falei que você não era nada sem mim no Salão Oval. É o contrário"
>
> **Frank Underwood**

É esperado que eles se encontrem em condições psicológicas e emocionais semelhantes para enfrentar as vulnerabilidades e desafios dos próximos anos. Por fim, vale repetir que a complementaridade é o fator indiscutível de toda a equação. Por isso, se um dos sócios é ótimo com pessoas e na conquista de clientes, procure alguém que seja focado no operacional e nas entregas. Ou, então, busque alguém que seja introvertido, ponderado ou movido a resultados caso você seja muito otimista e pouco detalhista. Encontrar o profissional que possui aquilo que falta em você dá toda a segurança para a tomada de decisões necessária na rotina empresarial.

★★

Segundo o escritor e professor Rogério Cher, sócio da Empreender Vida e Carreira, toda sociedade depende dos seis Cs para dar certo. São seis características que toda relação societária deve buscar, de forma a construir um caminho um pouco menos labiríntico e suave pelo universo dos negócios.

1) Convergência: todos os sócios devem convergir a respeito de valores, de objetivos, de posturas diante da vida, da ética empresarial. Não há problema no surgimento de discordâncias. Aliás, esses desencontros são saudáveis para o crescimento e o amadurecimento do negócio. Contudo, é preciso que haja compatibilidade sobre questões-chave do funcionamento de uma empresa e — por que não? — de questões pessoais.

2) Complementaridade: as diferenças existem, mas é preciso reforçar as ações complementares entre os sócios. É importante que os atores sejam sinceros e descrevam as funções com que se sentem confortáveis e que queiram desempenhar.

3) Companheirismo: ou cumplicidade, é essencial que exista respeito e solidariedade entre os sócios, acima de tudo. Quando a sociedade é firmada entre amigos ou entre familiares, essa afirmação parece mais simples, mas não é. Essas relações estreitas não garantem o sucesso do novo negócio nem asseguram que erros não acontecerão. Por isso, é preciso ser justo e ouvir quem está dividindo as dificuldades com você.

4) Confiança: se há de ser estabelecida uma relação de sinceridade entre os sócios, também deve ser criada uma relação de confiança. Um sócio precisa ter a certeza de que pode contar e confiar de forma tranquila naquele ao seu lado, especialmente durante a tomada de decisões ou diante de situações delicadas. Não há espaço para egoísmo ou para arrogância nessa relação. Frases como "eu avisei" ou "não te disse que daria errado?" não cabem aqui.

5) Compreensão: tolerância e paciência são regras de ouro em qualquer ambiente, especialmente no de trabalho. Os sócios também precisam aprender a ouvir um ao outro e aos funcionários, compreendendo anseios, receios e desejos. Sua porta deve estar sempre aberta.

6) Circunstância: nenhuma sociedade pode ser firmada de supetão ou sem planejamento prévio. É preciso analisar as circunstâncias pessoais, financeiras, profissionais e familiares de cada sócio para ver se é hora de mergulhar na atividade empresarial ou não. Uma sociedade iniciada sem o devido cuidado pode colocar em risco toda a empreitada.

Conseguimos identificar esses seis pontos durante diversos momentos do relacionamento entre Frank e Claire. Há a convergência de objetivos e de valores, pois ambos desejam, mais do que tudo, chegar ao posto mais alto da carreira política. Também há complementaridade, uma vez que Frank age com destreza e pressão sobre o Congresso e no meio político, enquanto Claire age com elegância e sutileza para vencer os obstáculos. Além disso, há cumplicidade, especialmente nos momentos em que eles sentam no parapeito da janela e dividem o cigarro, abrindo suas aflições e planos para o futuro, ou quando correm lado a lado. Assim como está presente a relação de confiança, pois ambos sabem que não possuem ninguém além do outro. Existe ainda compreensão, visto que sempre (ou quase sempre) ouvem o outro e tentam trabalhar a tolerância diante dos excessos. Finalmente, a circunstância foi criada lá atrás,

SOCIEDADE

quando Claire decidiu abandonar a vida confortável com os pais ao vislumbrar a ambição nas ações de Frank.

O problema é que o equilíbrio na relação societária estabelecida entre eles mostrou suas primeiras rupturas logo na primeira temporada. Claire sempre elogiou o marido porque ele soube dar tanto valor às suas necessidades quanto às próprias. Com o aprofundamento da reviravolta de Frank sobre a gestão Walker, Claire percebe que as ambições de Frank superam as suas em gênero, número e grau. Os movimentos da ONG de nada importavam perto da influência política que Frank precisava exercer sobre o Congresso e sobre o presidente. Logo de início, Claire se vê obrigada a mandar metade de sua equipe embora porque esperava que Frank fosse nomeado Secretário de Estado. Com a quebra desse acordo, ela perde patrocinadores e precisa enfrentar decisões que tomou por conta do esposo, não por sua vontade ou por uma estratégia empresarial. Há uma quebra de confiança e de compreensão entre o casal que se alarga quando Claire vê que ela mesma possui (ainda que em menor força) influência sobre políticos do Congresso e derruba um projeto construído por Frank.

> "Uma fusão a frio de dois elementos universais, com pesos e forças iguais. Unidos, eles resistem. Uma união como nenhuma outra. O átomo indivisível da política americana"
>
> Tom Yates

Contudo, a morte de Peter Russo fez com que o companheirismo existente entre eles retornasse com força a Claire, que decide voltar para o marido após passar uma semana junto de um antigo amor, o fotógrafo Adam Galloway.

Na segunda temporada, o companheirismo e a confiança voltam à tona logo no segundo episódio, quando Claire é obrigada a enfrentar um doloroso trauma do passado e encontra o homem que a estuprou quando mais jovem. Frank posiciona-se ao seu lado e mostra a força não só como um sócio que se importa com o seu parceiro, mas como o marido que se preocupa com a esposa.

Outro momento que nos possibilita ver a força de uma boa sociedade é a estratégia traçada pelo casal para enfraquecer a união dos Walkers. Ao perceber que Garrett e sua esposa, Tricia, estão passando por um momento difícil do casamento, os Underwoods tentam oferecer ajuda e amizade, mas estão constantemente de olho em como a aproximação poderá render-lhes um trunfo na manga. Da mesma forma, o projeto de Claire a respeito dos casos de estupros que envolvem militares é posto de lado em nome dos movimentos políticos que Frank precisa realizar para promover a renúncia de Garrett Walker e, mais uma vez, sua esposa entende as circunstâncias e aceita o caminho trilhado.

★★

Na terceira temporada, porém, voltamos a ver as turbulências entre o casal Underwood. Claire deseja mais do que ser a primeira-dama e anseia um posto nas Nações Unidas. Frank, por sua vez, parece esquecer que ser o presidente dos Estados Unidos faz com que todos os olhares estejam voltados a ele. Sua sede de poder e seus atos discutíveis não passam despercebidos pela imprensa. Rapidamente, ele coleciona mais inimizades do que aliados na Casa Branca e, ao mesmo tempo, vê Claire se distanciar dele e tomar suas próprias decisões, como quando enfrenta o presidente da Rússia, Viktor Petrov, no meio de uma "guerra fria" de emoções. Claire deixa claro que almeja o cargo como embaixadora da ONU e se sente preterida enquanto Frank continua com sua busca insaciável pelo poder. O livro escrito por Tom Yates, a mando de Frank, deixa de lado a propaganda do America Works e foca o relacionamento do casal, mostrando quão dependente e simbiótica é esta relação. No entanto, Yates também aponta que, mesmo que ambos busquem o poder de forma equivalente e à sua maneira, a presidência dá lugar a somente um, deixando o outro na lateral. É o estopim que faltava para Claire abandonar Frank.

Quando chegamos à quarta temporada, Claire decide seguir seu caminho e volta para a casa da mãe, desejando iniciar a própria trajetória na política para conquistar a tão sonhada presidência. O problema é que desvencilhar-se de Frank, Doug e todo o aparato político criado por eles parece ser uma tarefa quase impossível para ela e sua nova coordenadora política, LeAnn Harvey.

Quando Frank sofre um atentado e fica entre a vida e a morte, à espera de um transplante, Claire possui espaço para agir como sempre desejou. Ela sai das sombras e mostra que merece tanto protagonismo quanto Frank: ela joga, manipula, mente, ameaça, faz tudo que está ao seu alcance como uma verdadeira discípula, alguém que observou o mestre durante anos.

Em um caso extremo como esse, em que um dos sócios está ausente e o outro começa a fazer o que lhe vem à cabeça, a chance de algo dar errado e prejudicar a imagem da empresa não é pequena. Para que esse e outros imprevistos sejam evitados, o ideal é que toda sociedade seja amparada por um contrato social. Nele, estão esclarecidos todos os pontos fundamentais da parceria. De acordo com o artigo 997 do Código Civil, um contrato de sociedade possui dados como: qualificação dos sócios (nome, endereço, estado civil, etc.), endere-

CUIDADO!

8 tipos de sócios para manter distância

1_ PREPOTENTE: Promete mundos e fundos. Gosta de se gabar quanto a suas habilidades e sua carteira de clientes, mas custa a trazer um só contrato assinado.

2_ OMISSO: Dá sempre um jeito de não participar das decisões. Se está presente, vira o jogo de maneira que, se algo der errado, aponta que o erro foi causado pelo seu sócio, jamais por ele. Lava as mãos diante dos problemas.

3_ CONTROLADOR: O bicho-papão do negócio, que dá crédito de todo sucesso para si. Precisa estar a par de todas as atividades da empresa e dificilmente confia alguma tarefa ao outro sócio, pois apenas o seu trabalho é bom o suficiente.

4_ DESILUDIDO: Principal entrave para o crescimento do negócio. Tem medo de arriscar e está sempre acomodado. Tem dificuldade em ser criativo e detesta mudanças que agitem o negócio, ainda que para melhor.

ço, objeto social, capital social, percentual de cada um na sociedade, quem são os administradores, nome empresarial, prazo da sociedade e participação de cada sócio nos lucros e perdas. A formalização do contrato também garante tranquilidade para sócios desiguais no capital.

É importante lembrar que há três tipos de sócios básicos pela legislação para o estabelecimento de uma sociedade. Há o sócio-quotista, aquele que não trabalha na empresa, não retira pró-labore, contudo, participa de lucros e perdas e responde pelos atos da Pessoa Jurídica. Há também o sócio-administrador, aquele que trabalha efetivamente na empresa, faz parte do operacional e da administração dela, recebendo pró-labore, assinando e respondendo pela Pessoa Jurídica. E, por fim, o sócio-capitalista, investidores externos que não se envolvem diretamente com as atividades diárias da empresa, mas também exigem contrapartidas financeiras.

5_ INCOMPREENDIDO: Acredita que suas ideias são sempre as melhores, mas não percebe sua falta de praticabilidade. Como dificilmente é levado a sério, sente-se posto de lado e pouco colabora efetivamente com o andamento da empresa.

6_ PREGUIÇOSO: Gosta de falar que se esforça muito, mas é o último a chegar e o primeiro a sair do expediente. Mestre na enrolação, parece sempre estar ocupado – ainda que seja apenas na página do Facebook. É o monstro da produtividade.

7_ DESONESTO: É aquele que corre pelas suas costas. Diz que não conseguiu fechar com o cliente, mas o roubou para sua própria empresa. Passa estratégias para a concorrência e usa dinheiro da empresa em benefício próprio. Forte candidato à expulsão por justa causa.

8_ AMIGÃO: Por ser amigo de longa data ou parente do outro sócio, costuma apoiar todas as ideias, mas não participa das operações. Corpo mole é seu sobrenome, mas está sempre na boa pela relação pessoal, abusando de sua confortável posição.

FONTE: Revista Gestão & Negócios, edição 54.

SOCIEDADE

★★

Outro motivo que costuma causar desavenças entre os sócios é a divisão de quotas. De acordo com a legislação brasileira, não há obrigatoriedade legal no momento da divisão, isto é, caso a sociedade seja composta por apenas dois sócios, ela pode ser feita de acordo com o desejo deles — 50% e 50% ou 99,9% e 0,1%. A liberdade da quota está nas mãos dos sócios e deve ser explicitada no contrato citado anteriormente. Em seguida, sejam eles minoritários ou majoritários, cada um dos sócios deve descrever quais são seus deveres, direitos e quais são seus papéis na tomada de decisões do negócio. Na teoria, o sócio que fez o maior investimento de capital na sociedade teria maior poder de ingerência nas decisões administrativas, mas essa não é a regra. É possível, por exemplo, que um sócio entre com o dinheiro, o outro com o *know-how* operacional, e a participação de cada um seja de 50%.

Logo depois, os sócios devem escolher qual o tipo de sociedade em que o empreendimento deve se encaixar, de acordo com o objetivo social da empresa, a tributação e a proteção patrimonial advinda. Usualmente, as mais comuns são a Sociedade Limitada e a Sociedade Simples. Então, deve-se estipular como será feita a remuneração dos sócios de acordo com a função de cada profissional na estrutura empresarial. Os sócios são pagos de duas maneiras, por pró-labore ou distribuição de lucros. Antes disso, aconselha-se avaliar a participação de cada um no dia a dia da empresa. Como exemplo, um sócio que trabalha diariamente no negócio geralmente recebe o pró-labore, uma espécie de salário pelo serviço prestado mensalmente. O valor deve ser equivalente ao que se paga no mercado para alguém que executa a mesma função, definido no Plano de Negócios e faz parte dos custos fixos da empresa. No caso da distribuição de lucros, o sócio recebe o correspondente ao capital investido no início da empresa, proporcional à parcela de quotas de cada sócio, descrita no contrato social. Mas atenção! Caso a empresa ainda não dê lucro, não há dinheiro a ser distribuído.

No caso de Frank e Claire, como marido e mulher, os louros da sociedade são repartidos de maneira igual. Mas essas divisões costumam causar bastante dor de cabeça, em especial entre sociedades firmadas com familiares e amigos. Quando são discutidas questões financeiras, o papo muda, mas é preciso manter o profissionalismo. Ainda que a sociedade seja estabelecida entre pais e filhos, esposa e marido, primos ou amigos de infância, é imperativo que a remuneração e a divisão de quotas sejam claras desde o início. Não é porque existe uma relação de parentesco ou emocional anterior que ela pode contaminar a seriedade do novo relacionamento que está sendo proposto. O excesso de informalidade e as questões emocionais são duas das características negativas das sociedades familiares, assim como a gestão centralizada e os limites subjetivos de autoridade. A questão toda se resume à já conhecida mistura de público e privado. Essas relações são rodeadas de complexas questões históricas, culturais e emocionais. Se adicionarmos à conta as preocupações empresariais, o resultado pode ser um desastre. É comum que as relações pessoais e familiares sejam levadas para dentro do mundo corporativo, o que desgasta a rotina diária. Ou pior, situações da empresa acabam sendo tema de jantares familiares ou conversas de bar entre amigos. Em um cenário ou outro, o dano

Os maiores erros em uma sociedade empresarial

- Falta de respeito, confiança e bom senso;
- Arrogância e audição seletiva;
- Incompatibilidade de valores profissionais, pessoais e de ética;
- Comportamento inadequado com o quadro de funcionários;
- Descontrole emocional diante de momentos de crise;
- Falta de racionalidade e de determinação para lidar com a tomada de decisões do negócio;
- Ausência de um contrato social;
- Falta de separação entre relações pessoais, especialmente no caso de sociedades estabelecidas entre familiares e amigos de longa data;
- Ausência de transparência nas atividades realizadas por cada sócio;
- Resistência a inovações.

é grande demais. Por outro lado, a criação de uma sociedade sobre uma relação familiar tem suas vantagens. Quando há equilíbrio e os atores entendem que cada momento é separado do outro, a visão única, o poder de decisão, o sentido de missão e a capacidade de reação são fatores que costumam funcionar em sociedades formadas entre parentes ou amigos.

★★

Após vencer os antagonistas Heather Dunbar nas primárias democratas e o republicano Will Conway nas eleições — ainda que do jeito torpe que estamos acostumados a esperar de Frank —, o poder finalmente chega a suas mãos. A Casa Branca é seu lar, e Frank, surpreendentemente, aceita dormir em um dormitório separado de Claire, enquanto ela dorme com o amante, Tom Yates. Mesmo que Frank veja o povo norte-americano como ingênuo, as ações que tomou nessa caminhada ao topo causaram crises sérias. Frank é o "presidente eleito", mas não possui o Congresso ao seu lado e ainda precisa lidar com inúmeras tentativas da imprensa ao descobrir suas reais intenções. Ele sabe que o poder do passado é muito menor do que o de hoje como presidente, mas a possibilidade de fazer pressões e represálias era maior anteriormente, pois as lentes de aumento não estavam sobre ele. Com Claire como sua vice-presidente e diante de uma grave ameaça de *impeachment*, Frank planeja sua própria queda e escolhe tomar um lugar no setor privado, onde, segundo ele, está o verdadeiro poder, ou "o poder por trás do poder". No entanto, para isso, ele precisa contar com o perdão presidencial de Claire, o que o impediria de ser preso. A questão é que, finalmente, Claire está em posição de plena igualdade com Frank, com condições de comandar o país pelos próximos quatro anos. Portanto, como ela mesma diz na última frase da quinta temporada, "é minha vez". Ao negar o perdão a Frank, Claire toma o protagonismo para si, deixa seu sócio em segundo lugar e assume a responsabilidade de dirigir um país quebrado sozinha. Frank percebe a traição, mas não há como evitar. A hora é de Claire, sua sócia o superou. Para ele, resta apenas esperar.

Quando há uma diferença irreconciliável entre os sócios, a lei permite a exclusão de um desses do negócio por justa causa, se houver cláusulas que assim

SUCESSO

Elas deram certo

Em todo o mundo, há diversos exemplos de organizações criadas entre parentes e amigos que deram certo exatamente por serem criadas sobre esse relacionamento. No Brasil, dois casos representam como a relação familiar pode ser benéfica para a empresarial. Fundada na década de 1990, a loja de produtos divertidos **Imaginarium** foi criada pelo casal Sebastião e Karin Rosa. Nos anos 1980, o médico e a arquiteta decidiram que precisavam ficar mais tempo com as duas filhas e, portanto, passaram a produzir enfeites de Natal artesanais, que eram vendidos na vizinhança. Com o sucesso dos produtos, em pouco tempo, eles começaram a vendê-los para grandes lojas de departamento. Em 1991, a família se mudou para Florianópolis e fundou a Imaginarium. Nessa época, as criações eram feitas com muita madeira e elementos que se remetiam ao aconchego e peças para serem compartilhadas em família. Em quatro anos, a marca abriu quinze franquias pelo Brasil. Hoje, são mais de 190 lojas, 600 multimarcas e canais de *e-commerce*. Em meados dos anos 2000, o casal se afastou do comando da empresa, e as filhas do casal, ao lado de um gestor profissional, tocam o empreendimento desde então.

Outra história de sucesso familiar é a reconhecida casa de pães e massas artesanais **Di Cunto**, no bairro da Mooca, em São Paulo. A empresa foi fundada em 1935 pelo patrono da família, Donato Di Cunto, que começou a produzir pães de acordo com a legítima receita italiana. Tantos anos depois, a família ainda segue com o negócio, controlado pelos descendentes diretos de Di Cunto. Foram os familiares, inclusive, que reposicionaram a marca recentemente para retirá-la de um momento difícil.

possibilitem no contrato social. Para a justa causa, também é necessário provar que um dos sócios esteja colocando a sobrevivência e a continuidade da empresa em risco. Desonestidade, por exemplo, dificilmente provoca uma justa causa, mas sonegação e desfalque são fatores críticos. O aconselhável é que os sócios estejam sempre aptos ao diálogo e que exista uma cláusula a respeito da dissolução de sociedade no próprio contrato. Usualmente, a ação judicial para a expulsão de um sócio é utilizada apenas em casos extremos. Toda briga judicial costuma ser cruel à saúde da empresa e à imagem no mercado. Por isso, o ideal é sempre tentar um acordo em que todos saiam contentes.

Assim como para Frank e Claire, um dos primeiros sinais de que a relação entre os sócios está abalada é o desalinhamento de objetivos, perspectivas e contribuições. Traduzindo, é aquele papo em que um sócio diz trabalhar muito mais que o outro, dedicar-se à empresa bem mais que seu sócio. Isso gera tensões e desentendimentos que podem crescer com o passar do tempo e prejudicam seriamente a comunicação entre a administração, que precisa ser sempre transparente, clara e direta. Uma dica é tentar resolver pendências ao menor sinal de problemas, trabalhando a compreensão e a empatia.

Seguidamente, os sócios precisam investir em uma conversa sincera e descobrir a razão real do problema. Nesse momento, é importante rever os interesses e os objetivos de cada sócio para a empreitada. Caso já não falem mais a mesma língua, talvez a separação não seja a pior das ideias. O mais importante é cuidar da manutenção da empresa.

★ ★ ★

"Frank tinha certa razão. Poder
é melhor que dinheiro, enquanto
ele durar. Mas nunca dura"

Remy Danton – Assessor de Imprensa e
Lobista da SanCorp

CAP. **3**

LIDERANÇA
O MAQUIAVEL DEMOCRATA

VOCÊ JÁ DEVE TER CONHECIDO diversos tipos de chefes em sua trajetória profissional, certo? Como o Autoritário, que gostava de falar grosso e que não aceitava falhas. Ou o Especialista, que sabia tudo sobre certa função, mas nada sobre gerir sua equipe. Ou o Falastrão, que dizia ter feito e realizado tudo na empresa, mas nunca apresentava um resultado decente. Ou o Assediador, que só promovia gente bonita e passava horas cantando as recepcionistas. Por outro lado, se é uma pessoa de sorte, também se deparou com líderes de dar gosto, como o Motivador, que podia deixar a desejar no aspecto técnico ou racional, mas sempre soube se doar pela equipe, a fim de que os objetivos fossem conquistados. Ou o Inspirador, que tinha muita experiência para dividir e gostava de transmitir o conhecimento para seus subordinados. Ou o Democrático, que sempre consultava a opinião de todos para tomar decisões que influiriam no dia a dia da empresa.

A questão é que o perfil daquele que comanda a empresa tem influência direta no desempenho de seus funcionários e é indissociável de suas conquistas. Um grupo que alcança resultados extraordinários certamente é guiado e inspirado por alguém que sabe o que faz, que divide, mas também assume as responsabilidades, que não tem medo de tomar decisões difíceis e que sabe ouvir os receios e anseios de seus liderados. É esse líder que consegue equilibrar o poder, a influência e a empatia, três fatores essenciais para quem exerce sua posição no ambiente corporativo.

Quando falamos de Frank Underwood, oferecê-lo como um exemplo de liderança parece absurdo. Uma figura tão contraditória, corrupta, gananciosa e sem ética poderia ser modelo de liderança para alguém?! Nossa resposta é SIM! E não somente Frank. Claire também possui características que costumam estar presentes nos mais bem-sucedidos líderes do mercado corporativo. Frank e Claire, embora polêmicos e questionáveis, construíram um caminho brilhante até a Casa Branca e souberam usar de muitas habilidades para atingir todos os objetivos que haviam traçado no passado. A cada novo desafio, uma competência se revelava para que virassem o jogo.

> "A liderança é uma coisa maravilhosa e preciosa. Mas tem um preço: a solidão"
>
> **Frank Underwood**

A sede pelo poder de Frank sempre encontrou equilíbrio em seu pragmatismo e em sua autoconfiança, assim como a teimosia de Claire fora balanceada constantemente por sua racionalidade. A comunhão desses e outros atributos os levaram à ascensão política total e, em alguns casos, à submissão e idolatria de seus subordinados. É óbvio que contrapontos devem ser feitos e assimilados como exemplos do "não fazer". Porém, há também espaço para muito aprendizado com o casal Underwood.

★★★

Hieróglifos do Antigo Egito, datados de milênios antes de Cristo, já mostravam as relações estabelecidas entre líderes e subordinados. As inscrições descreviam que autoridade, percepção e justiça eram as três características essenciais pertencentes aos faraós, comandantes máximos daquele período. Muitos e muitos séculos depois, Aristóteles preferiu destacar a falta de virtude dos líderes políticos de seu tempo, na Grécia antiga. Mas foi Nicolau Maquiavel que construiu uma das mais consolidadas teorias sobre liderança. Com a clássica obra *O Príncipe*, de 1513, o autor italiano ressaltou que o líder deve apresentar firmeza e preocupar-se de maneira suprema em manter o poder, a autoridade e a ordem durante o exercício do governo. Para isso, a conquista da simpatia popular é o caminho mais fácil; do contrário, ele deve valer-se da ameaça, do engano e da violência. Para manter-se no poder, o líder possui a lei ao seu alcance, o método próprio dos seres humanos e a força típica dos animais. Para tanto, um verdadeiro comandante tem a missão de dominar tanto a lei quanto a força. Parece familiar?

Frank e Claire seguem a teoria de Maquiavel quase que ao pé da letra durante a trama. Na primeira temporada, apostam na firmeza e na simpatia popular como forma de conquistar aliados. Eles buscam a lealdade do seu povo, assim como Maquiavel, mesmo que não confiem em ninguém. Especialmente Francis, que traça acordos políticos delicados, buscando a confiança e a lealdade de personalidades do Congresso e de fora dele, caso de Raymond Tusk, por exemplo.

A estratégia funciona, todavia, não indefinidamente. Ao chegar à vice-presidência dos Estados Unidos, ainda que seu poder e sua influência tenham aumentado, a exposição de suas ações cresceu de maneira equivalente. Ao passo que os ataques à reputação de Frank e Claire crescem, assim como a disputa com Heather Dunbar – ex-candidata democrata à eleição presidencial –, Will Conway – governador de Nova York e candidato do Partido Republicano para presidente – e as ameaças da ICO, o casal percebe que as manipulações realizadas até ali, embora eficientes, não se mostram tão eficazes quanto no passado.

Chegar ao Salão Oval da presidência jamais saciou a sede de poder de Frank, e a resistência de seus adversários, e até de aliados, prova que a próxima estratégia é tomar o controle como Maquiavel ensinara. Para sua estabilidade no governo, eles decidem instaurar o terror, utilizá-lo como moderador da opinião pública, de forma a assegurar sua manutenção na Casa Branca, mesmo diante da iminente derrota nas eleições presidenciais de 2016.

A ameaça, o medo e a violência são cartas importantes para que Frank anuncie uma guerra contra a ICO e contra aqueles que desejam acabar com a *livre democracia norte-americana* quando, na realidade, o objetivo é perpetuar o legado Underwood na Casa Branca quase como uma ditadura.

Mesmo que essa atitude seja condenável, o casal está seguindo a cartilha de *O Príncipe* de forma exemplar. Ao ocupar a posição mais cobiçada do mundo político, Frank, conforme defende Maquiavel, deve estar acima das leis que regem o Estado e que regem a corte, pois essa posição poderá obrigá-lo a tomar decisões que desafiarão a tradição moral dominante. A questão é que Maquiavel jamais incentivou que o líder (ou o príncipe, no caso) se tornasse um tirano narcisista como Underwood demonstra ser a cada episódio. A intenção de Maquiavel com esse pensamento era preparar o príncipe para fazer frente aos dilemas éticos que encontraria devido à sua posição. Esse é um importante ensinamento que Frank também soube assimilar: o líder é obrigado a tomar decisões e agir diferentemente dos demais por conta das circunstâncias em que vive, por isso precisa estar preparado.

Em um segundo momento, além do conhecimento técnico e da compreensão humana, um verdadeiro líder deve ser um mestre na arte da guerra e, simultaneamente, dominar o jogo das aparências. Especialmente no mundo corporativo, a imagem que uma empresa ou um profissional constrói na mídia e no mercado o torna alguém prestigiado ou esquecido rapidamente. Maquiavel também indicou que um príncipe não precisa ter todas as qualidades necessárias, mas deve aparentar tê-las, uma vez que a aparência é altamente avaliada pelo universo empresarial. O autor não defende o uso da dissimulação, mas destaca que o líder deve ser adaptável. Quanto mais flexível, mais fácil ele poderá adequar suas ações e discursos diante de cada situação.

Mais uma vez, os Underwoods entenderam a dica do poeta e historiador italiano e souberam aplicar em momentos derradeiros de sua trajetória. Quando Claire é confrontada durante uma entrevista, ainda na segunda temporada, sobre não ter tido filhos e ter realizado abortos, ela soube transformar uma decisão que poderia ser encarada com desconfiança pela população em uma causa nobre e, posteriormente, quase uma plataforma de governo – o estupro de mulheres por militares. O pensamento rápido de Claire pode induzir o espectador a vê-la como dissimulada e até superficial, mas sua versatilidade fez com que conseguisse se adaptar de forma adequada a um tema extremamente difícil.

A responsabilidade para com os subordinados também é abordada por Maquiavel. Por mais que a elasticidade ética seja um ponto relevante para o líder, suas atitudes precisam sempre resguardar o bem-estar de seus comandados, gerando o bem ao maior número de pessoas, como descreve Aristóteles em seu princípio de ética. Podemos fazer uma leitura bastante abrangente desse entendimento de Maquiavel, assumindo que o príncipe, em suma, toma decisões que devem favorecer sua equipe, a empresa e a sociedade. O que parece impossível é alcançável para o autor, uma vez que um líder preparado, munido de conhecimento e saberes sobre o ser humano, sobre filosofia e sobre outros temas, eleva sua capacidade como um estrategista que faz as escolhas certas. Nesse sentido, Frank derrapa, infelizmente. Com sua visão absolutista do poder, ele se vê como aquele que tudo sabe e enxerga o povo como ingênuo, ignorante até de certa forma, que necessita de alguém para guiá-lo para o sucesso. Para Frank, o poder está em suas mãos e, ainda que vislumbre as consequências de seus atos para a população norte-americana, sua vontade de permanecer no cargo é maior do que seu objetivo de proteger, fortalecer e cuidar da sociedade. Underwood é a expressão completa do filósofo inglês Thomas Hobbes e seu *O Leviatã*: faz parte da natureza do ser humano de tentar ampliar e perpetuar-se no poder, mesmo que para isso seja necessário destruir seus semelhantes.

> "Os chineses têm razão sobre uma coisa: às vezes você precisa sacrificar um pelo bem de muitos"
>
> Frank Underwood

★★★

É impossível desvincular liderança de poder para os Underwoods. De certa forma, o mesmo acontece com influência. Para os personagens, os três atributos se mesclam como virtudes presentes somente nos grandes líderes. O tempo todo, Frank deixa claro que o dinheiro e o *status* são mínimos para ele. Aquele que deseja construir uma história de verdade deve ser capaz de diferenciar uma coisa da outra, segundo Underwood. "Ele escolheu dinheiro em vez de poder, um erro que quase todos desta cidade cometem. Dinheiro é mansão no bairro errado, que começa a desmoronar após dez anos. Poder é o velho edifício de pedra, que se mantém de pé por séculos", diz ele logo no primeiro episódio, explicitando seu raciocínio puro e simples sobre o tema.

Muitas definições sobre poder podem ser encontradas, mas aqui é entendida como o potencial ou a habilidade que um ser humano tem de influenciar decisões e controlar recursos. A influência, por sua vez, está relacionada ao poder e também pode ser ligada à capacidade de um mudar o comportamento do outro, mas de uma maneira muito mais sutil.

Nesse contexto, há dois tipos de poder que são importantes para a análise da série e lições que ela apresenta aos empresários: o poder de posição e o poder pessoal. O poder de posição, como o próprio nome denuncia, é conferido por uma instituição e, geralmente, é identificado em três vertentes, o poder legítimo (baseado na posição dentro da hierarquia), o poder de recompensa (estabelecido a partir de promoções e reconhecimentos que geram, como consequência disso, controle sobre os outros) e o poder coercitivo (feito por meio do medo ou da ameaça de punições, como demissões e processos). Já o poder pessoal é aquele atribuído à personalidade de um profissional (denominado poder de referência) e ao seu conhecimento (poder de especialização). O poder de referência é ligado à inspiração ou à identificação, é aquele que muitas vezes é inato e assimilado de forma mais natural pelos liderados. Pessoas carismáticas, por exemplo, costumam apresentar esse poder de referência.

Frank e Claire são dois lados opostos dessas categorizações. Líderes natos, sem dúvida, ocupam e deliberam em vista do poder de formas diferentes. Frank, apesar de sua incrível habilidade de manipulação, exerce o poder de posição e, na maioria das vezes, de forma coercitiva. Alçado às posições na Casa Branca por métodos duvidosos e manobras discutíveis, conquistou o poder por meio de recompensas (o *impeachment* de Walker, por exemplo) e o exerce a partir do medo e de ameaças aos republicanos e democratas. Frank não vê distinção de partido ou de vertente política, ele posiciona as peças de seu jogo de xadrez da maneira que melhor lhe convém a cada situação – e seu poder de posição lhe possibilita essas estratégias ousadas.

Claire, no entanto, ainda que tenha chegado ao poder também por meio da posição e de recompensas e manobras do marido, possui um poder de referência que ele não apresenta. Claire pode até usar da manipulação como Frank, mas sabe como influenciar, engajar e mudar pensamentos tanto de aliados quanto de adversários. No início da série, ela lidera uma ONG que levava água potável a locais remotos do mundo que não tinham sequer saneamento básico. Já ao lado de Frank na presidência, conseguiu evitar uma guerra no Oriente Médio e enfrentou o presidente russo Viktor Petrov em mais de uma ocasião, não se deixando intimidar. Em muitas situações, ela soube argumentar sem mentir para aqueles contrários aos seus planos. Esse tipo de poder não se obtém de forma fácil.

A análise acima pode ser interpretada ainda como a dialética entre liderança formal e liderança moral. O líder formal foca o cumprimento do seu dever, baseia-se em convenções sociais e, geralmente, exerce autoridade imposta pela força da lei. O líder moral não necessita da posição formal para exercer sua habilidade, pois lidera para servir o ser humano e exerce suas atitudes de acordo com princípios de vida. Há exemplos de comandantes políticos que souberam utilizar sua posição e seu poder formal para serem líderes diferenciados e promoverem mudanças em sua sociedade, como Winston Churchill, que assegurou a soberania da Inglaterra na Segunda Guerra Mundial, e Abraham Lincoln, libertando os Estados Unidos da escravidão e liderando a guerra civil que se deu no país.

Ao mesmo tempo, nomes como Augusto Pinochet e Saddam Hussein usaram sua liderança formal para abusarem da população e cometerem crimes contra a humanidade em nome do poder. Pinochet instaurou uma ditadura

> "Sejam gentis uns com os outros na sua casa. Sejam gentis com as pessoas. Eu acho que é melhor você errar na bondade do que fazer milagres com falta de bondade. Muitas vezes, uma só palavra, um olhar, um gesto rápido, e as trevas enchem o coração da pessoa que amamos"
>
> Madre Teresa de Calcutá

PERFIS

O rei da manipulação

O poder formal alçou Frank à liderança e ao comando dos Estados Unidos, mas sua habilidade de manipulação foi um dos fatores máximos para o sucesso de sua empreitada. A capacidade de manipulação pode vir a servir para um líder se a tática for utilizada de forma consciente e com objetivos claros e pelo bem maior, conforme apoiou Aristóteles. Para Frank, entretanto, a manipulação é seu lema, praticamente sua razão de viver, é a habilidade que o leva a realizar acordos e manobras interessantes para seu planejamento. Essa sua alta capacidade de "engajamento" de aliados e adversários acontece porque o personagem assume quatro grandes carapuças indispensáveis a um bom manipulador.

1_ O SENSÍVEL: Frank sabe captar em seus pares os sentimentos mais à flor da pele que lhe interessam, como o medo, a vergonha, a culpa ou a gratidão. Sensível às emoções dos outros, ele procura maneiras de explorar esses sentimentos em benefício próprio;

2_ O CONFIDENTE: ao estender a mão para outros, demonstrando que se importa com os problemas alheios, Frank descobre muitos segredos e sabe guardá-los, somente para utilizá-los sabiamente à frente. O bom manipulador é aquele que sabe tudo sobre você, mas você sabe absolutamente nada sobre ele (ou acha que sabe, mas provavelmente são mentiras);

3_ O PRESTATIVO: assim como o manipulador se mostra disposto a escutar, ele também está pronto para oferecer favores àqueles que necessitam, ainda que possam causar problemas. Ele cria, assim, um vínculo de dependência e de culpa com o outro, aguardando o momento ideal para exigir algo em troca;

4_ O BAJULADOR: o tempo todo Frank deseja lealdade e confiança. Para isso, usa todo tipo de discurso para adular aliados ou adversários. A lista de elogios é longa e sua colocação aguarda o momento certo de ser posta, seguindo o perfil do bajulado. Jamais seja paternalista com quem não cai nessa estratégia, por exemplo. O bom manipulador sabe o que dizer e quando dizer.

militar no Chile que durou 17 anos e promoveu uma lista de desaparecidos, mortos e torturados. Saddam Hussein tornou-se conhecido por eliminar aqueles que levantavam a voz contra seu governo totalitário no Iraque.

Da mesma forma, Gandhi, Mandela e Madre Teresa de Calcutá são exemplos de líderes morais, aqueles que souberam influenciar as massas sem qualquer tipo de poder ou nomeação formal. Madre Teresa foi responsável por iniciar uma ampla e admirável rede de assistência social e caridade e se transformou em símbolo de ajuda aos pobres. Mahatma Gandhi liderou pacificamente um movimento de resistência indiano contra o domínio britânico, mesmo sem ter sido escolhido para uma posição oficial. Nelson Mandela, finalmente, é o rosto da luta da África do Sul contra o *Apartheid*, mesmo após passar 27 anos aprisionado. De lá, saiu e se tornou o primeiro presidente negro do país africano.

> "Um 'não' dito com convicção é melhor e mais importante que um 'sim' dito meramente para agradar, ou, pior ainda, para evitar complicações"
>
> **Mahatma Gandhi**

★★★

A observação do movimento migratório das aves, como os gansos selvagens, diz muito sobre o comportamento de liderança. Fugindo do frio e buscando alimentos, essas aves costumam viajar grandes distâncias em grupos, formando um "V" no céu. Regras da física e da aerodinâmica explicam que essa formação é ideal para as aves, fazendo com que o vácuo deixado pelos animais que estão à frente diminua a resistência do ar para os seguidores, posicionados mais atrás. Estudos indicam que a formação em "V" faz com que o grupo voe cerca de 70% a mais do que se cada ave realizasse o voo sozinha. O líder ganso, por sua vez, não tem vida fácil. Ele é obrigado a fazer um esforço ainda maior para servir ao grupo, pois enfrenta todo o atrito do ar e precisa escolher o melhor trajeto a ser tomado para que cheguem ao destino. Embora se exija muito do líder, a dinâmica estabelecida entre os animais, no entanto, é justa, uma vez que a ave, ao sentir-se cansada demais pelo esforço, vai para a parte traseira da formação e outra assume imediatamente a função, guiando o grupo. Ao mesmo tempo, os gansos grasnam enquanto voam para encorajar e apoiar os companheiros durante todo o caminho. As trocas acontecem naturalmente até que as aves atinjam o destino final.

Da mesma maneira, o líder precisa apresentar esse espírito resiliente e decisório. Enquanto um chefe tradicional é motivado pelo desejo de sucesso pessoal, o líder servo se move pelo desejo de servir os liderados e vê-los bem-sucedidos. Mas nem todo profissional é preparado para ser um bom líder. Certa vez, tive um líder que era muito temido, sabia pouco sobre como tratar os liderados com respeito ou como inspirá-los no dia a dia. Era desprezado pela equipe, em resumo. No entanto, diante de um projeto grandioso vendido pelo Comercial e uma pequena equipe de Conteúdo, soube enfrentar a diretoria e proteger os liderados, exigindo horas extras ou a contratação de mais mão de obra para a realização do projeto, pois não submeteria sua equipe àquele regime de trabalho. Sua postura surpreendeu a todos, mas nos despertou para uma questão: será que até um chefe ruim pode se mostrar um bom líder em algum momento?

Sim, e os Underwoods são prova disso. Por mais que façam escolhas questionáveis em muitas situações da trama, eles também são capazes de nos ensinar valiosas lições de liderança. Claire é daquelas líderes que entendem a importância de ser autêntica quando necessário (e parte de seu conflito constante sobre permanecer ao lado de Frank se origina dessa autenticidade), de partilhar o poder (quando entende que precisa ter o apoio de Catherine Durant após se tornar primeira-dama) e de desenvolver as pessoas (ao oferecer a LeAnn Harvey a posição de articulista política quando regressou a Washington). Já Frank é pragmático e tem visão de futuro (o que o leva a detalhar toda sua trajetória até a Casa Branca), entende que batalhas e conflitos são inevitáveis (quantos adversários Frank enfrentou em cinco temporadas, políticos ou pessoais?) e cerca-se dos melhores para alcançar seus objetivos (quer equipe mais competente que Doug Stamper e Claire Underwood?).

Mas, apesar dessas competências, todo bom líder precisa apresentar um conjunto de seis habilidades emocionais que manuais de liderança tentam ensinar, mas não são fáceis de ser absorvidas e compreendidas. São elas: autocontrole emocional, empatia, flexibilidade, comunicação, pragmatismo e motivação. O autocontrole emocional é mandatório para líderes, envolvidos em variados tipos de relações profissionais constantemente. Seja com um cliente, um fornecedor ou um subordinado, o líder está sempre engajado em algum tipo de relacionamento em que precisa manter-se positivo, amistoso e harmonioso. No entanto, todos somos emocionais e, vez ou outra, o lado destemperado do ser humano pode causar conflitos interpessoais. Em especial, diante de desafios complexos ou de tropeços, cultivar a paciência, a resiliência e a inteligência emocional é um grande diferencial. A partir da terceira temporada, vemos Frank isolando-se de Claire, inebriado pelo poder. Na quarta e quinta temporadas, o temperamento de Frank, antes muito controlado, começa a degringolar diante de seus erros e dos enganos cometidos por seus então aliados. Sua ambição e sua falta de autocontrole acabam por causar muitos problemas para o presidente, ainda mais quando todos os holofotes estão voltados para ele.

> "Decisões têm consequências. Indecisões, mais ainda"
>
> Frank Underwood

Já a empatia é daquelas habilidades que todo ser humano deveria cultivar – e que mais anda em falta na contemporaneidade. Colocar-se no lugar do outro a fim de entender o porquê de suas escolhas, necessidades e atitudes é grande parte da solução de muitos problemas. Um líder empático tenta a todo momento não só interagir com sua equipe, mas ser compreensivo e avaliar os motivos que levam seus subordinados a agirem de certa maneira. Enquanto um simpático se esforça para agradar e, muitas vezes, invade a intimidade do outro, o empático respeita a individualidade e o sentimento do próximo, visando ajudá-lo de alguma maneira.

Diante das acusações de Dunbar a respeito da relação que Frank possuía com Freddy, Underwood sabe que precisa ajudar o velho vendedor de costelas da melhor maneira possível. Em pouquíssimas ocasiões na série é possível ver Frank sentindo-se abalado por algo feito contra um dos seus. Ele entende que Freddy jamais poderia ser acusado de qualquer questão devido ao seu relacionamento com o político e vice-versa. Porém, as circunstâncias impedem que Frank faça algo efetivo para Freddy.

A comunicação, ainda que não pareça uma habilidade emocional, pode ser vista como uma, pois é um processo complexo que está relacionado a pessoas. Todos nós passamos a maior parte de nossa vida nos comunicando, de uma forma ou de outra, *on-line* ou *off-line*, com quem gostamos ou não. O líder precisa comunicar-se de maneira extremamente clara com sua equipe, e falhas de comunicação são culpadas por muitos dos problemas nas organizações, mas poucos fazem algo para melhorar.

TIPOS DE LIDERANÇA	CARACTERÍSTICAS
AUTORITÁRIA	É quem manda; Tem poder absoluto; Não se pode questionar o seu poder; Tipo de liderança dominadora mais evidente.
MANIPULADORA	Cínico; Sedutor; Tem interesse em tirar proveito de todas as situações para proveito próprio; Utiliza sua influência para dominar e ajustar decisões ao seu bel-prazer.
SABE-TUDO	Sente-se superior; É arrogante em relação a seus conhecimentos ou habilidades; Utiliza seus conhecimentos para dominar.
PATERNALISTA	Superprotege; Considera-se superior; Não confia nas capacidades do grupo; É controlador.

FONTES: Eloy Anello (Liderança moral) e livro *Liderança: uma questão de competência*, de Robson M. Marinho e Jayr Figueiredo de Oliveira.

Para uma boa comunicação, o líder precisa saber se expressar com inteligência e com emoção, precisa conhecer o seu público e necessita gostar de saber o que aconteceu ao seu redor, isto é, entender e decodificar mensagens, orientar e ensinar, persuadir e convencer, dar *feedback*, ouvir e fazer-se entender. Quando uma garota em sua cidade natal morre e a questão chega ao nível político devido a uma construção de uma caixa d'água em forma de pêssego, Frank utiliza todos os meios para se comunicar com as pessoas de Gaffney. Dos agricultores aos pais da menina falecida, ele busca dialogar e atender a todos os desejos.

IMAGENS EVOCADAS	REAÇÕES NO GRUPO	PREJUÍZOS NO GRUPO
Forças Armadas; Empresas de produção em larga escala; Delegacia; Penitenciária.	Submissão; Passividade; Revolta.	Limita o crescimento e o rendimento do grupo; Não desenvolve a iniciativa; Danifica a unidade; Gera discórdia e revolta.
Políticos; Revolucionários; Empresários; Lideranças religiosas; Funcionários públicos.	Alienação; Fanatismo; Desconfiança.	Frustração; Perda de identidade; Incompetência.
Intelectuais; Artistas; Políticos; Professores.	Culto, idolatria ou rejeição à liderança; Sentimento de inferioridade e dependência.	Bloqueia o crescimento; Faz liderados perderem a autoiniciativa e a autoconfiança; Gera desinteresse.
Políticos; Líderes religiosos; Sindicalistas.	Acomodação; Dependência; Apatia.	Bloqueia a capacidade do grupo; Gera falta de iniciativa; Destrói a autoestima.

Em uma realidade de constantes transformações, a flexibilidade emocional também se mostra importante para o bom líder. Em um momento em que o universo parece estar cada vez mais dividido por opiniões e princípios rígidos (e até conservadores), tornar-se um líder que possui jogo de cintura diante das adversidades, que apresenta capacidade de negociação, que enfrenta as mudanças e se adapta a elas e que aprende e desaprende constantemente pode ser um dos grandes motivos para a garantia do sucesso de uma empresa.

Ter flexibilidade emocional para enfrentar a montanha-russa dos negócios, repleta de altos e baixos, é admirável. Nesse sentido, Claire, mais do que Frank, sabe ser flexível e ter o jogo de cintura necessário para se adaptar às mudanças. Quando não conseguiu de forma legítima a vaga como embaixadora da ONU, Claire jamais deixou transparecer sua frustração, que não a portas fechadas. Pelo contrário, lutou até forçar sua entrada de outra maneira. Da mesma forma, assumiu a presidência e soube tomar decisões difíceis, como permitir o ataque e a morte do terrorista da ICO, Yusuf Al Ahmadi.

Todas as habilidades acima são permeadas pela condição de pragmatismo, tão almejada pelos líderes. Encarar as coisas como são, de maneira realista, e assumir ações e posições de acordo, com foco e dedicação, são competências muito valorizadas no ramo empresarial. Diante da grande competitividade, saber orientar-se para resultados está ligado diretamente ao modo pragmático de trabalho. Dessa forma, o líder precisa desenvolver o sentido de vontade e de objetividade em si e nos outros, identificar os padrões de resultados e ser persistente para alcançá-los. Mais uma vez, a resiliência também é fundamental. Difícil encontrar outro personagem tão pragmático e voltado para resultados quanto Underwood. Seu foco constante na busca pelo poder faz com que não desanime diante das falhas e dos enganos propícios do mundo político e corrupto em que vive.

Por fim, a habilidade de motivar ou de criar condições para as pessoas se (auto) motivarem valida a vocação para um bom líder. Trabalhar com uma equipe insatisfeita ou que sofre da terrível "síndrome da segunda-feira" dificilmente possibilitará que o negócio encontre o caminho do sucesso. Entender quais são as reais necessidades de seus liderados e encontrar formas de mobilizar seu entusiasmo é o início para uma equipe motivada. Contudo, oferecer condições decentes de trabalho, uma remuneração compatível ao cargo e um líder inspirador costuma funcionar bem. LeAnn Harvey – estrategista política – encantou-se pela tenacidade de Claire e por suas ideias; acabou utilizando métodos que não concordaria para ajudar os Underwoods a vencerem as eleições de 2016 e outras situações.

★★★

"Eu tenho um sonho. O de ver meus filhos julgados pelo caráter, e não pela cor da pele". A famosa frase do ativista e líder pacifista do movimento negro norte-americano Martin Luther King Jr., proferida em 28 de agosto de 1963, é uma das mais citadas no mundo e em diversas línguas. Para muitos, ele é um símbolo de liderança, uma liderança moral, com poder de referência. Contudo, King duvidava de sua capacidade para ser um pacifista. Depois de muito lutar e compreender seus conflitos pessoais é que assumiu a filosofia da não violência. Essa busca foi feita somente por ele, um caminho solitário e, imaginamos, tortuoso. Mas sua trajetória é também modelo para quem decide liderar – é necessário liderar a si mesmo primeiro. Da mesma forma, o primeiro americano a escalar o Monte Everest, Jim Whittaker, disse: "você nunca conquista a montanha. Você conquista a si mesmo, suas dúvidas e seus temores".

> "Se não puder voar, corra. Se não puder correr, ande. Se não puder andar, rasteje, mas continue em frente de qualquer jeito"
>
> **Martin Luther King Jr.**

Oriundo de uma família humilde, com o pai alcoólatra, Frank aprendeu cedo a ser implacavelmente sincero consigo. Apesar de apresentar um grande ego, entende que possui limites e que não é perfeito. Assume, inclusive, suas imperfeições, como a capacidade de matar quando necessário e de ludibriar quem quer que seja, pois, como ele diz no final da quinta temporada, talvez ele ame mais o poder do que a própria esposa.

Claire precisou percorrer uma estrada um pouco mais longa. Não que não se conhecesse ou soubesse do que é capaz, mas até a última temporada vemos a personagem lidando com questões emocionais, familiares e éticas que não passam perto das preocupações de Frank. Se para Frank, como a lógica de Maquiavel manda, os fins justificam os meios, para Claire, o pensamento de Rousseau sobre o bom selvagem é mais apropriado, pois o homem nasce livre, mas precisa lidar com as injustiças e circunstâncias da sociedade, que acabam por, de certa forma, corrompê-lo.

> "As pessoas acham que no topo não há muito espaço. Elas tendem a pensar no topo como um pico do Everest. Minha mensagem é que há uma imensidão de espaço no topo"
>
> Margaret Thatcher

O importante a ser dito é que, em ambos os casos, os personagens utilizam seis táticas de influência efetivas e que servem como boas lições para empresários. Tanto Frank quanto Claire, juntos ou em momentos alternados, sabem o quanto elas funcionam em todas as relações que estabeleceram, seja com líderes mundiais, com seguranças particulares ou com inimigos ferozes. A primeira tática é a *liderança pelo exemplo*: para exigir uma postura do grupo, o líder deve agir de acordo com um modelo de comportamento desejável. Se Frank passava madrugadas adentro para conseguir os votos necessários no Congresso quando era corregedor, o mínimo que ele esperava era a mesma postura de Jackie Sharp ao alçá-la à mesma posição.

A segunda tática é a *racionalidade*: líderes inteligentes buscam na razão e na lógica as soluções dos problemas do momento. Apontar saídas lógicas é uma forma interessante de contrastar com pessoas muito emotivas. A terceira tática é a *assertividade*: o líder precisa ser objetivo e claro em suas exigências, indicando o que foi feito de maneira correta e o que precisa ser corrigido. Ser franco e direto com seus subordinados, sem subterfúgios, é uma forma de inspirar confiança. Ainda que aja muitas vezes pelas sombras, Frank costuma ser bastante claro sobre o que deseja de seus aliados durante acordos estabelecidos para que não haja dúvida. Da mesma forma, quando Raymond Tusk pediu que Underwood exercesse o papel como vice-presidente de forma a ajudá-lo com seus contratos com os chineses, recebeu uma negativa, pois Underwood não negocia sem saber todos os valores que estão em jogo.

A quarta tática é a *insinuação*. Nesse caso, tanto Frank quanto Claire levam nota dez! Fazer com que alguém goste de você, criar certa afinidade, exercer carisma com o objetivo de fazer uma exigência posteriormente costuma funcionar muito bem no mundo dos negócios. Agir de modo amigável e cooperativo faz com que o outro lado crie um tipo de confiança no interlocutor. A quinta tática é a *troca*, que pode ser relacionada com a tática anterior. A troca serve para influenciar os outros para que atendam à sua exigência, mas cedendo algo que está em seu poder. Por exemplo, líderes que costumam ter informações ou prazos limitados podem fazer barganhas com outros líderes para resolver problemas. É a boa e velha "troca de favores", como Frank realiza constantemente na série, de inúmeras maneiras. Finalmente, a sexta tática é o *apelo inspirador*, que está relacionado ao domínio afetivo. Para exemplificar, lembre-se da cena em que Frank, na segunda temporada, escreve a carta para o presidente Walker e oferece a própria cabeça para que ele não sofra o *impeachment*. O jogo de palavras, a escolha pela máquina de escrever do seu pai, a ocasião em que a carta foi enviada... Todas as escolhas feitas por Frank tinham o objetivo máximo de amolecer Walker e restaurar o vínculo de confiança que havia entre os dois no passado.

Agora, reflita: Frank e Claire sabem ou não liderar?

★ ★ ★ ★

"Decisões baseadas em emoção não são decisões. São instintos. Que podem ter valor. O racional e o irracional se complementam. Isolados, eles são bem menos poderosos"

Raymond Tusk

CAP. **4**

GESTÃO DE PESSOAS
EXISTE UM #TEAMUNDERWOOD?

EM 1990, O LÍDER IRAQUIANO SADDAM HUSSEIN invadiu o Kuwait e ameaçou fazer o mesmo com a Arábia Saudita, de olho nas reservas mundiais de petróleo. Sua postura autoritária e totalitária recebeu resposta do Ocidente a partir de uma coalizão de 32 países, formada a pedido do então presidente norte-americano George H. W. Bush. Para comandar cerca de 420 mil soldados americanos e 118 mil militares aliados no conflito nomeado posteriormente como primeira Guerra do Golfo, "Bush pai" indicou o general Norman Schwarzkopf. O militar possuía fama de destemido e tinha o apelido de "Stormin Norman", por seu temperamento audacioso. Mas o general também ficara conhecido por sua atuação na histórica Guerra do Vietnã (1955-1975), em que arriscou a vida para resgatar pessoalmente homens de seu batalhão que ficaram presos em um campo minado.

Como esperado, na Guerra do Golfo, Schwarzkopf foi bem-sucedido ao liderar a retirada das tropas iraquianas dos países e, anos depois, durante uma entrevista a um programa de televisão, precisou responder à seguinte pergunta: "Como você gostaria de ser lembrado no futuro?". A resposta foi dada rapidamente: "Que eu amei minhas tropas. Que minhas tropas me amaram". Logo após o fim do conflito, ele rejeitou a posição de chefe de pessoal do Exército dos Estados Unidos e deixou a ativa em 1991.

A história de Schwarzkopf é emblemática por uma série de motivos, porém, o principal é entender sua postura no cenário em que estava inserido. O setor militar é reconhecido por sua rigidez e obediência à hierarquia, um ambiente em que trabalhar a gestão de pessoas parece inconcebível, pois não há outra ordem que não aceitar o que vem de cima. Pois Schwarzkopf é prova de que, com força de vontade, respeito e espírito de liderança, sempre é possível gerir pessoas e inspirar confiança, motivar relações saudáveis e estimular a alta produtividade. Se, como vimos no capítulo anterior, Frank e Claire apresentam atributos presentes em grandes líderes, por que eles não podem ensinar uma coisa ou outra sobre a administração do capital intelectual para a sua empresa?

Embora pareçam atuar como uma dupla em alguns momentos e como lutadores solitários em outros, Frank e Claire precisaram gerir vários personagens durante a trama de House of Cards para alcançarem seus objetivos. Doug Stamper, Peter Russo, Remy Danton e Zoe Barnes são exemplos de peças que pertenceram ao #teamUnderwood por motivos diversos e foram tratados cada um à sua maneira, encarados como aliados ou adversários. Mas a verdade é que nem Frank nem Claire conseguiram montar uma equipe real, um time que lutou ao seu lado diante das dificuldades; isso porque o casal sempre os encarou como recursos, com objetivo, com propósito, com fim, não como seres humanos de fato, com personalidades, qualidades e fraquezas. Essa é uma questão recorrente em diversas organizações e que costuma causar grandes problemas, como absenteísmo, baixa produtividade e alta rotatividade. Quem comanda a empresa precisa tomar logo uma decisão sobre como irá tratar seus comandados – como recursos organizacionais ou como parceiros da corporação.

No primeiro caso, a relação estabelecida será provavelmente marcada pelo pragmatismo, pela padronização, pelo controle e pelo direcionamento, uma vez que o dono do negócio assume o fato de que os funcionários são sujeitos quase que passivos ou alienados ao contexto corporativo. Essa escolha dá certo? Podemos dizer que ela até funciona, especialmente em empresas até a década de 1990. Todavia, costuma "coisificar" as pessoas, um efeito que deveria ser absolutamente desprezado por líderes contemporâneos. Caso as pessoas sejam encaradas como parceiras da organização, a relação é oposta, em que se privilegia a criatividade e o conhecimento adquiridos, a voz e as iniciativas de cada ator da equipe. Se pensarmos que as pessoas passam boa parte do seu dia dentro das empresas, encará-las como seres humanos, e não como coisas ou máquinas, gerará impactos muito mais positivos do que negativos. Não estamos dizendo que todos os empregados devem estar a par de tudo que acontece na companhia a todo o tempo, mas é importante lembrar que vê-los como integrantes pensantes promove um ambiente corporativo muito mais saudável, criativo e inovador.

Um dos autores brasileiros mais reconhecidos em recursos humanos, Idalberto Chiavenato afirma que a moderna gestão de pessoas se baseia em cinco aspectos fundamentais: as pessoas como seres humanos, as pessoas como ativadoras de recursos organizacionais, as pessoas como parceiras da organização, as pessoas como talentos fornecedores de competências e as pessoas como o capital humano da organização. Quando Chiavenato fala sobre encarar *as pessoas como seres humanos*, a narrativa não fica mais simples que isso – cada ser tem personalidade e história próprias, com conhecimentos, experiências e habilidades diferentes que são adequadas a momentos específicos na rotina da organização, e é preciso identificar e respeitar isso.

> "Você não pode comprar lealdade, Raymond. Não o tipo que eu tenho em mente. Se você deseja merecer minha lealdade, você precisa me oferecer a sua"
>
> **Frank Underwood**

Já o fator *pessoas como ativadoras de recursos organizacionais* significa que elas devem ser visualizadas como elementos impulsionadores e dotadas de talentos indispensáveis em um universo em constante mudança e atualização – não há mais sujeitos passivos ou estáticos. Quando *as pessoas são encaradas como parceiras do negócio*, elas conduzem a empreitada ao sucesso, pois investem dedicação, comprometimento e responsabilidade – o caráter recíproco, sobretudo, ganha destaque em um ambiente onde os funcionários podem exercer certa ação e autonomia. Como *talentos fornecedores de competências*, as pessoas trazem à companhia muito mais do que máquinas ou equipamentos, mas também é preciso cuidado dos gestores em desenvolver essas habilidades, o que leva tempo. Finalmente, quando as *pessoas são entendidas como o capital humano* da organização, elas se tornam o principal ativo das corporações, agregando inteligência e atitude.

Outra questão interessante de ser abordada logo de cara é sobre o sentido de equipe nas organizações. Assim como as pessoas precisam ser vistas como seres humanos e como parceiras do negócio, capazes de colaborar e agregar valor constantemente à gestão, para que uma equipe seja construída, todos precisam criar relações e compartilhar sonhos e objetivos. Enquanto um grupo pode ser um conjunto de pessoas que formam um todo, uma equipe é um grupo de pessoas que forma um time em torno de uma tarefa comum. Em termos de gestão de pessoas, é sempre melhor pensar em ter equipes do que grupos de trabalho. Quando os profissionais constroem um relacionamento e compartilham do mesmo sonho, dividem a responsabilidade das conquistas e das falhas de forma cúmplice. Esse espírito foi primordial para que a seleção brasileira de futebol conquistasse o pentacampeonato na Copa do Mundo de 2002. Na época, o Brasil havia feito uma campanha dura nas eliminatórias, classificando-se apenas nos últimos jogos. Pairava no ar uma suspeita de que a equipe ficaria fora da Copa pela primeira vez em sua história. Quando a classificação foi confirmada, grande parte dos torcedores duvidou da capacidade do time diante dos adversários, mesmo com estrelas individuais consagradas na escalação, como Ronaldo, Rivaldo, Ronaldinho Gaúcho, Cafu e Roberto Carlos. Contudo, ainda que diante da descrença geral, o espírito de equipe e o sonho do pentacampeonato levaram o Brasil até a final e, finalmente, à conquista do título. Era a tal da "Família Scollari". O técnico Luís Felipe Scollari tanto insistia na união do time, de manter os jogadores em uma atmosfera familiar, que isso acabou sendo determinante para a vitória sobre a favorita seleção alemã.

Mas como saber se sua empresa é composta por grupos de trabalho ou por equipes? Pergunte-se: sua companhia funciona como um batalhão do Exército, como um time de futebol, como uma sala de faculdade ou como uma família? Um batalhão do Exército costuma ser um grupo correto, ético e rígido que

Dê poder a eles!

COMPARE

Não que Frank permita que alguém chegue ao poder como ele, mas gerir pessoas na atualidade significa empoderá-las, permitir que elas se sintam capazes de enfrentar e resolver problemas com autoconfiança e eficácia. Você acha que empodera seus funcionários? Veja estas comparações e pense bem:

EMPREGADOS EMPODERADOS	EMPREGADOS NÃO EMPODERADOS
Diante de situações complexas, tomam iniciativas e discutem problemas e soluções de forma profunda	Esperam que o líder ou o chefe definam o problema e distribuam as atribuições e responsabilidades
Identificam oportunidades em situações aparentemente críticas, como a chegada de um novo concorrente ou reclamações de clientes	Enfrentam e resolvem o problema de maneira eficaz, mas deixam passar possíveis oportunidades para a empresa
Ouvem e pensam criticamente sobre decisões e informações passadas pela autoridade organizacional	Aceitam e não discutem informações ou conclusões da autoridade organizacional
Buscam o consenso para decisões e ações dentro do grupo e em relação a outras equipes na empresa	Tentam criar o consenso, mas apelam para a autoridade hierárquica diante de falha da tentativa
Pensam em processos inovadores para otimizar recursos e reduzir despesas	Focam a análise dos recursos somente quando obrigados pela autoridade, sem inovar

cumpre ordens e tarefas, mas os soldados não costumam estar comprometidos com um sonho em comum. Em uma guerra, no entanto, esse grupo aparentemente frio pode se tornar uma equipe diante da união pela sobrevivência. Um time de futebol, por sua vez, reúne um grupo de pessoas com interesses pessoais e que trabalham por um objetivo único – a vitória. Mas a qualidade técnica dos jogadores costuma ganhar muito quando todos aprendem a jogar juntos, em parceria, com a força da torcida. Uma sala de faculdade representa um grupo semelhante em que pessoas realizam tarefas em comum, mas cada ator possui um interesse diferente. A competitividade no ambiente acadêmico costuma ser alta, e esse fator pode atrapalhar a formação de uma equipe. Por fim, uma família possivelmente seja a estrutura adequada para representar uma equipe corporativa ideal, na medida em que todos lutam pelos mesmos objetivos, compartilham do mesmo sonho e defendem uns aos outros. Em resumo, sua empresa pode se beneficiar demais quando apoia a construção de equipes baseada em relacionamentos e em confiança, em amizade e em envolvimento verdadeiro dos integrantes.

★★★★

Como citado no capítulo anterior, o estilo manipulador e maniqueísta de Frank Underwood costuma colocá-lo mais como um exemplo a ser ignorado do que seguido. Contudo, como todo manipulador, Frank também é um grande e belíssimo observador do comportamento humano, atento às necessidades, interesses e satisfações de cada um que cruza seu caminho. A observação e a identificação dessas necessidades são virtudes para aqueles que pretendem assumir a gestão de pessoas em qualquer negócio, pois é uma premissa da área ou da figura de Recursos Humanos contribuir para a eficácia organizacional através do cuidado e da atenção com o ativo humano.

Além de ajudar as corporações a alcançarem seus objetivos e a realizarem suas missões, a gestão de pessoas tem a função de possibilitar o trabalho em colaboração, a motivação em geral, o treinamento e a satisfação profissional dos agentes e também de desenvolver e manter o cumprimento de políticas éticas, do comportamento responsável e da qualidade de vida no ambiente de trabalho.

À sua maneira, Frank busca cumprir todas essas funções, assim como Claire. Desde o princípio da série, ambos estão bastante familiarizados com a teoria da motivação humana de Abraham Maslow – uma das referências entre administradores, psicólogos e líderes de empresas – baseada na chamada lei da necessidade (também conhecida como pirâmide de Maslow). Para Maslow, a motivação humana funciona da seguinte maneira: nossas necessidades ou carências impulsionam ações com o objetivo de satisfazermos essas necessidades. Portanto, os seres humanos são motivados a satisfazer constantemente cinco necessidades básicas: as fisiológicas (como respirar, ter saúde e se alimentar), as de segurança (como ter uma casa, segurança no emprego e se proteger da violência), as sociais (como constituir família, ter amigos e manter vínculos), as de estima ou de afeto (como conquistar reconhecimento, poder e prestígio) e as de realização (ter sucesso profissional, superar desafios e exercer a criatividade). Maslow acredita que, para respeitar essa sequência de hierarquia das necessidades, toda pessoa só passa para a seguinte depois de realizar a anterior.

Dessa forma procede o casal Underwood durante toda a trama, buscando desvendar quais são as necessidades de satisfação de seus aliados e inimigos, oferecendo-lhes sempre algo em troca. Frank, por exemplo, soube utilizar de forma estratégica a teoria de Maslow com o deputado Peter Russo na primeira temporada. De cara, Peter é apresentado como alguém que, aparentemente, reunia todas as características de um funcionário tóxico para uma empresa. Sua história de vida não ajudava nem combinava com a narrativa típica de um político do Congresso norte-americano – vindo da Pensilvânia, carregava um histórico de uso de drogas, substâncias controladas, alcoolismo e envolvimento com prostituição. Quanto à atuação política, parecia ser aquele tipo de empregado desorganizado (que perdia compromissos, estava sempre atrasado ou prejudicava a agenda de todos), despreparado (deixava sua chefe de gabinete e também namorada assumir seus relatórios e propostas) e inseguro (sobrecarregando os colegas). Por mais de uma vez, Peter viu-se em situações constrangedoras e que não condiziam com sua postura parlamentar dentro do próprio horário de trabalho. Chegou a trabalhar embriagado e foi flagrado dirigindo alcoolizado. Um caso clássico para demissão.

Para Frank, contudo, Peter Russo simbolizava alguém que ele podia controlar, alguém que poderia se tornar uma peça importante em seus esquemas políticos e alguém que seria eternamente grato a ele caso conseguisse colocá-lo de volta nos trilhos. Mesmo que, devido ao seu viés manipulador e por motivos sempre questionáveis, o poder de observação de Frank foi preciso, e seu faro para gestão de pessoas, determinante para perceber que Russo era muito mais do que um deputado rendido aos prazeres mundanos. Russo possuía ótimas qualidades que poderiam transformá-lo em um grande congressista e, quem sabe, no governador da Pensilvânia! Ele era comunicativo e carismático, era comprometido e estava disposto a trabalhar duro pela visão a longo prazo. Em resumo, um visionário – todas essas características são muito apreciadas por empregados, seja em micro ou grandes corporações. Óbvio que os métodos de Frank para motivação podem não ser ortodoxos, como quando ofereceu a Russo uma lâmina para que seguisse com a ideia do suicídio ou como o encurralou para que não oferecesse objeções ao fechamento do estaleiro em sua cidade. Vamos ser sinceros: Frank não deu muitas saídas para Russo! Sua única opção era concordar com o que Underwood havia planejado para sua carreira.

Dessa forma, Russo aceitou iniciar o processo de sobriedade com o apoio de Doug Stamper, também ex-alcoólatra, reaproximou-se dos dois filhos e topou assumir o *slogan "a fresh start"*, que vendia a imagem de um homem que sabia dos seus erros, mas que estava pronto para governar o estado da Pensilvânia.

Mesmo que diante de dificuldades esperadas que envolviam, principalmente, sua reabilitação do álcool e das drogas, Russo parecia engajado e motivado o bastante para esquecer suas fraquezas e iniciar as caravanas pelos municípios do estado ao lado do vice-presidente de Garrett, Jim Matthews. Junto de uma equipe preparada especialmente para Russo, Frank aplicou seis processos básicos de Gestão de Pessoas[1] para reabilitar seu garoto prodígio: *processos de agregar pessoas* (recrutando e selecionando pessoas para ajudar na escalada de Russo), *processos de aplicar pessoas* (situando as funções e responsabilidades de todos na construção da imagem de Russo e do próprio candidato), *processos de recompensar pessoas* (como quando Frank oferece a Russo a candidatura

---

[1] Extraído do livro *Gestão de Pessoas*, de Idalberto Chiavenato (2010).

para governador), *processos de desenvolver pessoas* (todos os treinamentos e gestão do conhecimento que Russo é obrigado a ter após topar a proposta de Frank), *processos de manter pessoas* (a atmosfera criada para que Russo afaste-se completamente das ameaças das drogas e da prostituição, contando com a ajuda de Christina, sua namorada) e *processos de monitorar pessoas*.

Foi exatamente neste ponto, o do monitoramento, que Frank percebeu seu erro. Ciente de que Peter Russo, embora muito motivado a mudar sua história pessoal e na política, era alguém suscetível aos prazeres, então Frank manteve Doug e outras ferramentas de monitoramento para que soubesse cada passo dado pelo seu pupilo. Inclusive, Frank notou que as coisas saíram do controle quando Russo precisou falar com Roy Kapeniak. Entretanto, depois que Frank falhou ao não conseguir passar uma promessa de campanha de Russo no Congresso, seu controle sobre o deputado degringolou. Perdido e se sentindo traído por Frank, Russo ameaça expor as falcatruas cometidas por Underwood. Rapidamente, Frank decidiu que Peter era carta fora do baralho. Mas todos já sabem como essa história terminou.

> "A partir deste momento, você é como uma rocha. Não absorve nada, não diz nada e nada quebra você"
>
> **Frank Underwood para Edward Meechum**

A história foi diferente com Edward Meechum. O segurança de Frank que entrou nos primeiros capítulos da série chegou como um profissional preparado, muito sério, supostamente adequado à posição que ocupava. Meechum havia pertencido à Marinha norte-americana e ao departamento de política de Columbia. Lutou também no Bahrein e no Afeganistão. Após o chefe de segurança do casal Underwood ser diagnosticado com câncer, Meechum é designado para assumir sua proteção. O cargo provisório torna-se fixo após a morte de Steve. No entanto, a relação prática fechada entre Meechum e Frank parecia sem muita importância até o episódio do tijolo em meio à greve dos professores, ainda na primeira temporada. Meechum foi destituído do cargo por Frank porque havia deixado seu posto e atirado a esmo, em um bairro residencial, agindo sob pressão, uma postura incoerente com a posição que ocupava. Devido a atribulações da trama, Frank acaba por recontratar Meechum para sua segurança pessoal e diz a frase destacada acima. Dali em diante, Meechum torna-se uma verdadeira sentinela para os Underwoods. Aquele funcionário que todo dono de negócio espera encontrar um dia: comprometido para além do limite, focado em resultado, que não se envolve onde não é chamado, que zela pela estabilidade e pelo sucesso da organização e de seus sócios, que faz o trabalho de maneira implacável.

O interessante, entretanto, é assistir à evolução do relacionamento do triângulo Frank-Claire-Meechum. Após receber seu emprego de volta, Frank parece ter dado o passo certo na partida de xadrez com seu empregado. Meechum torna-se eternamente grato a Underwood e nunca mais comete erros, tornando-se a sombra de Frank e de sua esposa. Frank percebe isso e recompensa Meechum, permitindo que o segurança os conheça mais de perto. Como nosso protagonista sempre esperou, a lealdade do segurança era verdadeira, era completa, era o que ele sempre buscara em seus aliados. Por isso, não hesita em alçar Meechum ao Serviço Secreto quando torna-se vice-presidente de Garrett Walker ou ao apontá-lo como guarda-costas particular de Claire quando ela sofre uma tentativa de atentado. O ápice do relacionamento, quando o trio se envolve sexualmente de forma bastante orgânica e natural, parece ser apenas uma consequência dessa evolução.

Outra prova de que Meechum é daqueles que podem trabalhar a vida toda no mesmo local com a mesma perseverança fica evidente quando o segurança percebe algo de estranho no escritor Thomas Yates, na terceira temporada. Atento e sensível, ainda que muito discreto, ele sabe que Yates pode aproveitar a oportunidade que Frank lhe dá para prejudicar a reputação do político. Ao acompanhar o escritor em sua saída da Casa Branca, sem rodeios, ele o ameaça de forma bastante direta. Yates jamais deve ferrar com Frank. E sua frase final é categórica: "eu jamais tomaria um tiro por um homem que fosse tolo". Frank também retribui sua lealdade e carinho ao segurança quando desenha o formato da mão de Meechum na parede da Casa Branca, atrás de um quadro, simplesmente porque desejava ver algo que gostasse mais do que a pintura. A cena simbolizou a confiança que pode ser estabelecida de forma natural entre um empresário e seu funcionário. Quando Meechum salva a vida de Underwood após o disparo de Lucas Goodwin e morre, vemos como Frank valorizava o trabalho, a competência, a postura e, acima de tudo, o ser humano que Meechum era. O empregado foi um dos poucos que realmente despertaram admiração de Frank e de Claire em toda a série.

★★★★

Competência é ideia bastante presente na contemporaneidade, em especial no universo corporativo, que já foi conceituada e ressignificada para efeitos econômicos e culturais. Ela pode ser definida como a capacidade de alcançar resultados, de executar uma performance superior, de transformar conhecimento e habilidades em entrega. O que importa é que competência é a aplicação prática de habilidades, aptidões, conhecimentos, valores, interesses com o objetivo final de obtenção de resultados – e essa é uma característica que salta aos olhos de qualquer empreendedor.

Para Frank, duas personagens demonstraram competências interessantes quando falamos em gestão de pessoas: seu cão de guarda Doug Stamper e a ambiciosa jornalista Zoe Barnes.

Levemente ingênua, mas bastante inquieta, curiosa e audaciosa, Zoe soube captar a atenção de Frank, aliando seus desejos profissionais aos dele. Como uma jornalista de segunda linha no The Washington Herald, Zoe era a funcionária ideal para Underwood vazar informações sem levantar suspeitas. Ao aparecer na porta da residência dos Underwoods tarde da noite e propor o acordo de trabalharem juntos para Frank, Zoe logo se mostra proativa, alguém que não espera uma ordem e prefere tomar o controle da situação, preparada para situações adversas. A postura certamente chamou a atenção de Frank, que logo buscou saber se a jornalista era suficientemente boa para alcançar seus objetivos. Sendo alimentada com furos por Frank, Zoe logo ganha destaque no Herald e adota uma postura

> "Competência é uma ave rara nesta floresta, que eu sempre aprecio quando vejo"
> **Frank Underwood**

arrogante, uma atitude comum nos ambientes corporativos quando um empregado ganha os refletores.

A relação afetiva e sexual que Zoe cria com Frank parece extremamente calculada, e quando a jovem deixa o emprego no Herald e segue para o inovador Slugline, o relacionamento ganha-ganha parece prevalecer. O problema é que Zoe é inteligente e começa a seguir os passos de Underwood a respeito de Peter Russo e seu suposto suicídio. Frank percebe que ofereceu poder demais para alguém que não era confiável e a joga dos trilhos do metrô da capital norte-americana. Um final trágico para alguém que prometia virar o jogo do recém-escolhido vice-presidente dos Estados Unidos.

> "Estamos no mesmo barco agora, Zoe. Cuidado para não virá-lo. Eu só posso salvar um de nós"
>
> Frank Underwood

A trajetória de Doug, por sua vez, é muito mais complexa e repleta de nuances inesperadas. Se a lealdade de Meechum foi conquistada por meio da gratidão, não sabemos ainda de onde vem tamanha devoção que Doug tem por Underwood. Em algumas corporações, essa dedicação percebida em Doug pode ser encarada como puxa-saquismo, mas o caso aqui é diferente. Doug não é pegajoso, chato ou interesseiro. E tampouco se beneficia de sua relação com Frank. Na verdade, é um grande protetor do presidente, aquele que pensa no bem de Frank até quando estava recuperando-se da tentativa de assassinato de Rachel Posner. Doug investiga os colegas de equipe para que possa identificar possíveis traições, afirma que não possui amigos ou tempo para fazer amizades, pouco fala sobre sua história e prefere agir de modo introvertido. Mas quando precisa ameaçar ou colocar em prática um plano arquitetado pelo seu mentor, é implacável. Quando falha, Frank o repreende e acha estranho. *Como que Doug deixou algo passar? Onde ele estava que não percebeu o perigo chegando?* – pergunta-se Frank diante de alguns erros de seu chefe de gabinete.

Nas primeiras temporadas, vemos que Doug não gosta de dividir responsabilidades, que não confia nos companheiros de trabalho nem possui qualquer tipo de vida fora do Congresso ou da residência dos Underwoods. Doug vive para Frank e administra conflitos o tempo todo, trabalhando nos bastidores de forma discreta. Por ser o braço direito de Frank, assume a posição de testa de ferro para o chefe, mesmo sabendo de possíveis riscos – mas o porquê de tanta devoção não temos ideia. Após o ataque de Rachel, Doug é obrigado a tratar severos danos no cérebro, a fazer fisioterapia e volta a consumir álcool quando os remédios não diminuem as constantes dores ocasionadas pela prostituta. Com a ajuda de seu irmão e indiretamente de Frank, Doug volta a ficar sóbrio e assume seu posto na Casa Branca ao lado do mentor. Após uma terceira temporada difícil, Doug retorna à sua *persona* originária, cegamente leal a Frank e buscando traidores dentro da equipe Underwood. Quando o presidente sofre o atentado por Lucas Goodwin, Doug parece perder o chão e oferece o próprio fígado para transplante, mas descobre que não pode fazê-lo por conta de seu histórico de alcoolismo. Então, faz com que Frank tome o primeiro lugar de outro paciente na lista de transplantes. A culpa, por fim, toma conta dele.

Mas isso não é tudo. A lealdade de Doug atinge níveis jamais imaginados quando Frank e Claire pedem que ele assuma o assassinato de Zoe Barnes após a publicação do artigo de Tom Hammerschmidt – e ele aceita sem qualquer hesitação, como um verdadeiro capacho. Finalmente, ele assume uma nova *persona*: o laranja, o bode expiatório. Quantas vezes você já testemunhou uma situação como essa – ou já foi obrigado a ser o próprio laranja? Ainda que absolutamente absurdo, há muitos empresários que, por medo de encararem seus erros administrativos ou de conduta, colocam a culpa em outros funcionários e escapam de punições que poderiam levar a destruições maiores, como a falência da própria organização. Uma atitude inconcebível para uma empresa ética e para um gestor de pessoas. A verdade é que Frank tem tanta certeza de que Doug aceitaria todo tipo de tarefa dada por ele que esse pedido não é nada, não significa nada. Em sua mente,

> "Nada fácil dizer não ao homem mais poderoso do mundo livre. Porém, às vezes, a única forma de conquistar o respeito de seu superior é desafiando-o"
>
> **Frank Underwood**

aquele jantar, aquela cena, ele e Claire... Doug é, ainda que seu fiel escudeiro, mais uma peça de um quebra-cabeça que é reconstruído constantemente.

★★★★

Na última temporada, vimos Frank e Claire lidarem com dois personagens ainda nebulosos na narrativa, Mark Usher e Jane Davis. Enquanto Usher deu as caras como estrategista político que começou dando consultoria a Will Conway durante a campanha do republicano, Jane surgiu como uma secretária especialista em relações internacionais, mas que parece manter relações muito mais profundas com uma série de grupos de referência na sociedade. Do ponto de vista organizacional, ambos parecem ser tão ambiciosos e competitivos quanto os Underwoods. Não é claro ainda qual é a verdadeira natureza de suas relações com Frank e Claire, mas é de se esperar que algo sorrateiro esteja sendo concretizado. Ambos são observadores, têm informações exclusivas e parecem bem relacionados. No entanto, são também vorazes e aproveitadores, pois parecem fazer o jogo de quem representa mais poder no momento propício. Ao contrário de outros personagens que passaram pela trama, Mark e Jane são mais semelhantes a Frank e Claire, se posicionam como aliados (ou adversários) tão espertos e dissimulados quanto os Underwoods. Será que, finalmente, encontramos uma dupla capaz de competir com o casal?

Para encarar duas pessoas tão desafiadoras, conflituosas e que não se conformam com a mediocridade, Frank e Claire voltam a trabalhar como uma dupla e parecem ser mais observadores que nunca. Tanto Claire quanto nós, espectadores, não sabemos como Jane Davis possui tantas conexões no mundo internacional da política e da economia sendo apenas uma secretária de acesso ao mercado. Da mesma maneira, Frank, junto de Doug, cria situações diversas para tentar fisgar quais são as reais intenções de Usher, que pulou tão repentinamente fora da campanha de Conway e mergulhou como conselheiro sênior da chapa de Underwood. Quando o dono do negócio é obrigado a lidar com funcionários frustrados, desmotivados ou sem aspirações, há diversas técnicas a serem utilizadas para trazê-los de volta à rotina de forma empenhada.

Porém, quando o funcionário cumpre bem demais as tarefas e apresenta sempre interesses além daquele que lhe é proposto, a coisa toda muda de figura. Confiança e respeito são fundamentais na gestão de pessoas, em especial em um ambiente corporativo. Deveriam Frank e Claire investir no conflito direto para desvelar as reais intenções dos novos integrantes de sua equipe?

Induzir o conflito no universo empresarial é sempre arriscado, pois toda desordem está envolvida com algum tipo de conteúdo emocional que pode levar ao estresse. Em geral, o conflito corporativo acontece porque há indisposições profissionais, pessoais ou choques de personalidades. A disputa se dá de três formas: *relacionamento versus tarefa*, em que uma das partes foca a orientação interpessoal do conflito, enquanto a outra tem uma orientação ligada à tarefa e, assim, aspectos materiais; *emocional versus intelectual*, quando se observa o grau de atenção que as partes dão aos elementos afetivos da disputa; e o *cooperar versus vencer*, em que as pessoas compartilham a culpa pelo conflito, mas aquele com perfil cooperativo tenta maximizar o benefício para ambos, enquanto o com perfil vencedor tenta minimizar os ganhos às custas da outra parte.

Muitas vezes, o relacionamento antagônico pode ser funcional à empresa, e não apenas danoso. O conflito funcional costuma ajudar a elevar os níveis de performance dos funcionários, a motivação, a busca pela solução de desafios e a criatividade. Por outro lado, o conflito disfuncional, além de desperdiçar tempo e energia das pessoas, pode ser destrutivo para a equipe e para os interesses da organização. Assim, Frank e Claire poderiam incentivar o conflito funcional com Usher e Jane com o objetivo de desvendar mais informações sobre eles.

Como? Há dois tipos de estímulo. O conflito C foca questões concretas e tangíveis que exigem dos integrantes maior envolvimento intelectual do que emocional – dessa maneira, o casal Underwood poderia tirar dados sobre educação, formação, crenças e valores da dupla. O conflito A, por sua vez, incentiva disputas subjetivas que encontram soluções de modo mais emocional do que intelectual – mas essa estratégia talvez exigisse um plano mais bem elaborado de ambas as partes. Frank e Claire, de certa forma, tentaram estimular esse conflito quando pediram a opinião de Usher e Jane sobre o outro, mas a coisa não funcionou tão bem quanto imaginavam. No fim da quinta temporada, vimos que Usher ofereceu-se para o cargo de vice-presidente de Claire e

PARA APLICAR

Hábitos das pessoas eficientes

1_ SEJA PROATIVO: antecipe-se aos problemas, tenha iniciativa e demonstre responsabilidade;

2_ TENHA UM OBJETIVO NA MENTE: foque metas e resultados e seja líder de si mesmo;

3_ PRIMEIRO O MAIS IMPORTANTE: saiba estabelecer prioridades e entenda como executá-las;

4_ COMPREENDA PARA DEPOIS SER COMPREENDIDO: ouça as pessoas ao seu redor para somente depois dar sua palavra e pensar em ser entendido por elas;

5_ PENSE EM GANHA-GANHA: busque o pensamento de benefícios mútuos, para si e para os outros, sempre com respeito e reciprocidade. Busque relações de ganha-ganha e vencer-vencer;

6_ CRIE SINERGIAS: invista na cooperação e na colaboração criativa, ultrapassando conflitos para alcançar resultados multiplicados;

7_ AFINE SEMPRE SEU INSTRUMENTO: esteja atualizado e renove seu conhecimento constantemente, saiba mudar e mudar para melhor.

FONTE: *Os 7 hábitos das pessoas altamente eficazes*, de Stephen R. Covey (1989)

repetiu a mesma postura de Underwood na posse de Garrett quando Claire foi nomeada presidente, e Jane passou a se portar como conselheira de Frank sem que Claire (aparentemente) soubesse. Ainda é cedo para cravar o que surgirá dessas relações, mas se espera que o casal mais poderoso dos Estados Unidos lembre-se de todos os aprendizados da vida para não se deixar vencer por uma dupla traiçoeira como essa.

★★★★

Em uma era de competências e de resultados, em que os sensores estão diretamente sobre os líderes e donos dos negócios, a partir da experiência de Frank e Claire Underwood, como é possível incentivar o diálogo com suas equipes e garantir que a gestão de pessoas seja cada vez mais orgânica, sensível, tolerante e acolhedora? Para as autoras Linda Ellinor e Glenna Gerard[2], é necessário estar a par de seis estratégias. São elas:

1) **Seja a mudança que deseja ver no mundo:** ações devem refletir pensamentos, valores e prioridades. Para isso, esteja sempre atento aos seus funcionários e procure saber o que os move. Também faça constantes autoquestionamentos e reflexões acerca das mudanças que deseja estimular.

2) **Crie um espaço que seja seguro:** os empregados precisam saber que é possível falar sobre o que é importante e significativo para eles, sem censura, sem intolerância e com confidencialidade. Pratique a cultura do respeito e da honra pelo próximo, ouça as queixas do outro, desenvolva sua disposição de não saber e de não ter todas as respostas.

3) **Cultive a mudança em direção à responsabilidade compartilhada:** a aprendizagem deve ser coletiva, assim como o compartilhamento das informações e das responsabilidades.

4) **Veja a diversidade como recurso:** o mundo é belo nas diferenças e são elas que produzem grande valor agregado às empresas, portanto, explore a diferenciação, incentive a interação e a inclusão e abra espaço para o diálogo.

5) **Reposicione a discórdia e o conflito para oportunidade:** o conflito é inevitável na vida e também nos negócios, por isso, veja nele uma

---

1 Extraído do livro *Diálogo. Redescobrindo o poder transformador da conversa* (1998).

chance de abrir portas e ideias nas equipes, utilizando a polaridade como porta de entrada de sugestões e de criatividade.

6) Pense primeiro, aja depois e reflita continuamente: o entendimento entre todos e a liberdade de informação deve prevalecer. A cultura do *feedback* é importante para que todos se sintam parte integrante do todo, e o líder deve saber equilibrar quando é preciso estar na defensiva, quando é melhor abrir mão do controle e a hora ideal para utilizar seu próprio desconforto como ferramenta de aprendizagem.

Pensando melhor, diante dessas dicas, Frank provavelmente quebraria a quarta barreira, olharia diretamente para a tela e diria: "Poupe-me! Meu mandato, minhas regras".

★★★★★

"Se não gosta de como a mesa
está posta, vire a mesa"

Frank Underwood

CAP. **5**

NEGOCIAÇÃO
NEGOCIAR É CONSTANTE, VENCER É INEVITÁVEL

"ESTA NOITE EU ME DIRIJO A CADA SUL-AFRICANO, negro ou branco, do fundo do meu ser. Um homem branco, cheio de ódio e preconceito, veio ao nosso país e perpetrou um ato tão vil que toda a nação está agora à beira de um desastre. Uma mulher branca, de origem africâner, arriscou sua vida para que pudéssemos conhecer esse assassino e levá-lo à justiça (...). Agora é hora de todos os sul-africanos se unirem contra aqueles que, independentemente de suas origens, querem destruir aquilo pelo que Chris Hani deu sua vida – a liberdade de todos nós."

Esse foi o discurso feito por Nelson Mandela, em abril de 1992, após o imigrante polonês ultradireitista Janusz Walus assassinar o líder do Congresso Nacional Africano (CNA), Chris Hani, em sua residência. Ele foi identificado e denunciado por uma vizinha de Hani. O assassinato aconteceu em meio às negociações sobre a extinção do *Apartheid* e foi mais uma consequência sangrenta dentre tantas outras que permearam as discussões políticas sobre a luta do povo negro na África do Sul após a libertação do Madiba da prisão Victor Verster, em 11 de fevereiro de 1990.

Apesar de não impedir que a violência continuasse a ditar o ritmo das negociações sobre o fim do *Apartheid* na África do Sul, o discurso de Mandela foi importantíssimo para chegar à conclusão do assunto. Além de possuir grande poder de enunciação e de oratória, Mandela sabia *o que* dizer e *como* dizer para atingir seu povo, para tocar a todos, para passar sua mensagem de maneira objetiva e clara. Essa é uma questão determinante para o sucesso de toda negociação – quando se sabe a linguagem adequada para a comunicação com o outro lado da mesa, meio caminho já está resolvido.

Até pela posição que ocupam na trama, tanto Frank quanto Claire enfrentam inúmeras situações em que precisam dominar técnicas de negociação, de forma a dobrar seus adversários. A certa altura, um passa a negociar com o outro sobre o relacionamento profissional que constituíram durante a vida toda. Existe Frank sem Claire e Claire sem Frank? Podemos dizer que sua relação é baseada não só em poder, mas também em uma eterna negociação? Se sim, o que podemos tirar de lições com nossos protagonistas?

★★★★★

Trazendo o tema para a contemporaneidade, o autor norte-americano Herb Cohen parece estar correto ao afirmar que "nosso mundo real é uma gigantesca mesa de negociação e, desejando ou não, você é um participante". Seja nas relações pessoais ou corporativas, estamos o tempo todo negociando algo, negociando tarefas, negociando impressões, negociando espaços, negociando poder.

Na década de 1960, no contexto do surgimento do pós-modernismo, do multiculturalismo e de movimentos sociais, como o movimento negro e a segunda onda do feminismo, originou-se uma das principais escolas que estudaram a Comunicação, a Sociologia, a Crítica Literária, o Cinema, a Filosofia, entre outras áreas, chamada de Estudos Culturais. Uma das grandes crenças de seus teóricos é que o mundo é um grande espaço de negociação – negociação constante de identidades, culturas, valores, crenças, etc. Essas negociações também podem estar relacionadas com as dinâmicas do poder destacadas pelo pensamento do filósofo e historiador francês Michel Foucault (1926-1984).

O autor estudou sobre como o poder se instaura dentro da sociedade e nas relações diárias a partir das microrrelações entre as macroestruturas e microestruturas, isto é, não vem apenas de cima para baixo, mas está presente a todo o tempo e em todos os lugares. Essas duas correntes de pensamentos são interessantes quando pensamos em negociação, que geralmente está relacionado ao diálogo para o alcance de uma movimentação e a um processo mercantil de dar e receber. É preciso considerar que negociamos o tempo todo, em todas as esferas de nossa vida, e que há influências de poder constantes e onipresentes.

Conceitos como barganha, acordo, coerção, emoção e raciocínio lógico costumam ser ligados a negociações, principalmente no universo empresarial. O acordo está relacionado à busca de um meio-termo, de um fundamento intermediário em que ambas as partes façam concessões para chegar a um lugar comum. O problema é que, dependendo da relação pessoal estabelecida entre as partes, você pode acabar cedendo mais do que estaria disposto. No caso da barganha, o cenário é diferente: ambos os negociadores cedem e recebem, realizando permutas entre si. No entanto, costuma ser difícil colocar um valor para essas permutas quando a negociação fica complexa.

> "Quando você está negociando, ofereça o que você pode. Então, depois, volte e peça mais"
>
> Frank Underwood

A coerção costuma ser predominante em relações de poder desiguais, como entre empregados e empregadores. A partir de uma posição influente, uma das partes intimida a outra. Se utilizada de forma adequada, pode ser uma arma importante. Se não, pode causar frustração e até ruptura das relações. A emoção, por sua vez, é vista geralmente como um elemento negativo nas negociações, pois pode interferir e atrapalhar as relações. Contudo, quando usada com uma linguagem corporal correspondente, pode criar um vínculo e estabelecer uma dependência positiva da outra parte negociante. Já o raciocínio lógico é muito valorizado, ainda que seja uma qualidade mais difícil de ser dominada. Ao usar razões lógicas na negociação, há maior possibilidade de que a outra parte não possua oposições e ceda completamente à situação imposta.

No início de House of Cards, Underwood parecia ser o mestre de acordos, barganhas, coerção, emoção e raciocínio lógico ao coordenar as negociações do Partido Democrata no Congresso norte-americano. Inclusive, esse foi o motivo dado por Linda Vasquez para que Frank fosse preterido ao cargo de Secretário do Estado na gestão Garrett Walker. De fato, até a quinta temporada, não conhecemos outra figura tão sedutora e envolvente quanto ele, mestre em variados tipos de negociações: políticas, econômicas e pessoais. Sua incrível habilidade e trânsito conquistados entre os deputados também foram decisivos para que conseguisse colocar em prática o plano de chegar à presidência dos Estados Unidos.

A questão é que usualmente Frank não equilibra suas ações durante as negociações, utilizando muito mais a coerção do que, por exemplo, o raciocínio lógico – uma escolha muitas vezes perigosa. Porém, essa escolha sempre pode funcionar. Caso da disputa entre ele e Marty Spinella na questão dos sindicatos dos professores. Inicialmente, Frank podia contar com o apoio de Spinella para conquistar o meio de campo com os sindicatos, a fim de elaborar uma nova lei da educação que agradasse a todos. Underwood procurou usar métodos de barganha e de acordo para convencer os representantes dos sindicatos a realizarem certas concessões. Entretanto, quando estas passaram a ser radicais demais e pouco interessantes para os professores, os sindicatos deram as costas à Frank, assim como Spinella, incentivando uma greve dos profissionais.

Com a escalada das negociações (e nenhum horizonte pró-acordo), Frank prepara a estratégia do tijolo de espuma lançado por Doug na janela de sua casa. No debate proposto pela CNN, Frank tenta utilizar a emoção para alcançar Spinella, citando o que aquele ataque causou à Claire. A tentativa falhou e Frank acabou virando piada nas redes sociais. Em seguida, então, Underwood apostou no que sabia melhor: a coerção. O diálogo entre Spinella e ele, que força o representante dos sindicatos a socar Frank em um acesso de fúria, leva o clima das negociações ao limite e impõe um fim às conversas.

Mas sabemos que esse tipo de tática não é exemplo para o mundo corporativo. Jamais nossa ideia é incentivar que os empresários irritem seus parceiros até que saiam no tapa! Contudo, é sempre difícil saber com antecedência se uma conversa pode acabar de maneira positiva ou negativa. Ciente de que uma negociação é necessária quando duas ou mais partes se defrontam com uma diferença de ponto de vista ou de objetivo, uma boa ideia é estar ciente dos cenários que constituem o momento. Alguns fatos inegáveis são: é possível encontrar posições irreconciliáveis em todas as partes, conflitos de personalidades ou uma postura dominante sobre a outra, o que causa constrangimento e pode travar a discussão.

Também é válido observar aspectos físicos da negociação, como onde ela ocorrerá, o palco principal em que os decisores farão o *show* acontecer. Deve-se analisar tanto o local físico quanto o espaço pessoal de cada ator. Por que isso é importante? Somos todos seres humanos e costumamos nos sentir mais à vontade em locais que conhecemos, em territórios familiares ou ao qual temos algum apego. Se puder, escolha um local que seja mais confortável a você. Se não, tente um território neutro, mas que possa controlá-lo (por meio da altura das cadeiras, da temperatura do ar-condicionado, da claridade da sala, etc.). Em relação ao espaço pessoal, significa que também deve ser considerado quão desconfortável a pessoa fica com sua aproximação física – estrangeiros, por questões culturais, por exemplo, podem se sentir melhor quando estão mais próximos ou mais distantes da outra parte.

★★★★★

Outro cenário a ser analisado antes da negociação é o constituído por todos os personagens e fatores organizacionais que têm a capacidade de influenciar os decisores do primeiro território. Chamados de eleitorado, essas pessoas são as mais próximas dos negociadores e que, de uma forma ou de outra, representam algum tipo de dominação. Isto é, o negociador olha o eleitorado como alguém a quem precisa agradar, a quem deve satisfações ou que teme. Ao mesmo tempo, esses intermediários podem ainda executar tarefas, como definir limites, critérios e diretrizes das negociações, o que fazem deles necessários para a conclusão satisfatória do acordo. Finalmente, outro cenário interessante diz respeito ao *background* dos negociadores, seus países de origem e variáveis sociais. O empresário precisa saber com quem está conversando e quais são os hábitos culturais dos povos, de forma a não cometer nenhuma gafe ou até para quebrar o gelo com assuntos de seu interesse. O conhecimento dos conflitos, emoções e tensões dos personagens pode ser a diferença para o fechamento de um acordo.

NEGOCIAÇÃO

Underwood sabia que entender o contexto político e cultural, muito além da Guerra Fria, era essencial para ganhar a negociação com o presidente Viktor Petrov quando eles se encontraram pela primeira vez. Frank o convidou para a Casa Branca e procurou apresentar-lhe diversas referências norte-americanas, enquanto também demonstrava saber sobre a cultura e as tradições da Rússia. Todavia, Petrov parecia estar preparado para as jogadas de Frank e soube se armar bem, chegando, inclusive, decidido a não abrir mão de seus desejos para firmar as negociações com o presidente ocidental. Ainda que irritado com a petulância do russo em pleno território norte-americano, Frank utilizou a presença da banda Pussy Riot (um paralelo bacana com a realidade) para demonstrar sua força de coerção política para a imprensa e não se dobrar a alguém que, finalmente, parecia conhecer tanto sobre táticas de negociação quanto ele.

4º episódio da 6ª temporada

DIRETO DA SÉRIE

O marcante diálogo entre Claire e Petrov

– Você deveria falar com o seu marido.
VIKTOR PETROV

– Não sairei daqui sem chegarmos a um acordo.
CLAIRE UNDERWOOD

– Você é uma amadora, Claire. Você voa até aqui, estufa o peito e faz de conta que é presidente. Mas o que seria sem o seu marido? Nada. Um rosto bonito. Então, sim, faça de conta que é o presidente. Vá em frente. Diga aos chineses que eles não têm nada no Pacífico. Acha que pode fazer isso, Sra. Underwood?
VIKTOR PETROV

– Seu povo está sofrendo. Em seis meses no máximo estarão marchando na Praça Vermelha. Você não passa de um mendigo com um pires na mão e vai aceitar o que enfiarmos na sua goela.
CLAIRE UNDERWOOD

Ao falar sobre os *Sete hábitos das pessoas altamente eficazes*, o autor Stephen Covey aplica uma fábula que representa bem o pensamento e a atitude principal que deve nortear um negociador que visa ser bem-sucedido, em especial para levar sua empresa ao estrelato. A história, recontada no livro *A magia dos grandes negociadores*, de Carlos Alberto Júlio, é sobre um mestre lenhador que trabalhava nas montanhas geladas do Canadá. Todos os dias, lá estava ele, cortando as árvores da região. Em um dia, o mestre foi surpreendido por um rapaz, admiravelmente bem nutrido e preparado fisicamente, que lhe disse desejar aprender a ser um lenhador. Surpreso, o mestre pediu que o rapaz voltasse no dia seguinte para ensinar o ofício. Após cerca de 90 dias de aprendizado, o jovem se virou para o mestre e disse: "aprendi o que tinha de aprender. Já sou um lenhador, um bom lenhador. Na verdade, acho que sou o melhor lenhador do Canadá".

Ao perceber a reação incrédula do mestre, emendou um desafio, propondo que ambos cortassem a mesma quantidade de árvores – quem terminasse primeiro seria o melhor. E lá eles iniciaram o trabalho. De um lado, o rapaz iniciou a cortar as árvores com bastante rapidez e vontade, abrindo considerável vantagem sobre o mestre. Seu desafiante, no entanto, continuava no ritmo típico, lançando olhares para o rapaz de vez em quando, fazendo pequenas paradas para descansar. O rapaz, então, tinha certeza de que o desafio estava ganho! Porém, o dia sequer havia chegado ao final e, quando se deu conta, o rapaz viu o mestre derrubar sua última árvore. Ele, no entanto, ainda possuía algumas para cortar. "Como o senhor cortou mais rápido do que eu?! É impossível, não consigo entender. Não parei um só minuto e vi que o mestre parava toda hora para descansar". O mestre observou o jovem e lhe deu uma importante lição: "cada vez que eu parava para descansar, aproveitava para afiar os machados". A ideia que fica aqui, portanto, é que os negociadores devem afiar seus machados e cortar mais árvores com menor esforço, revelando menos de suas armas e alcançando níveis ainda mais altos de produtividade e de competitividade.

Na segunda temporada, ao manipular e aplicar uma jogada de mestre com Garrett Walker, Frank entende que precisa do apoio de Raymond Tusk. O problema é que, desde o primeiro contato, Underwood logo percebeu que Tusk era um homem de muitas facetas, ambições e poucas verdades. O empresário acabou se tornando o grande nêmesis de Frank, especialmente quando ele se dá conta de sua relação com o empresário chinês Xander Feng, jurado de morte em seu país. Enquanto Frank conta com o apoio de Doug para realizar parte das negociações com Feng, ele toma outra faceta com Tusk e depende da parceria de Claire para dominar as relações pessoais do presidente Walker com sua esposa, Tricia. Para chegar ao sucesso, Frank está constantemente afiando seus machados (e são muitos). De maneira prática, ele segue alguns padrões de atuação para alcançar o sucesso nas negociações.

Frank inicia definindo seus objetivos, estabelecendo exatamente o que deseja alcançar. Depois, determina as ações que precisará tomar para transformar esses desejos em realidade. Em seguida, faz uma comparação entre os objetivos e os resultados das ações, de forma a saber se está no rumo certo, de estar agindo corretamente ou se precisa fazer alguma alteração. Por fim, percebe-se que há algo que não caminha na direção de seus objetivos, procura saber o que fez, aprende com a experiência e elabora novas ações. Esse é o chamado mecanismo básico do sucesso, defendido pelo autor Carlos Alberto Júlio.

> "Você está deixando o orgulho atrapalhar seu julgamento, Frank?"
> **Garrett Walker**
>
> "Respeitosamente, senhor, você que está permitindo o medo atrapalhar o seu"
> **Frank Underwood**

O problema é que, apesar de parecer simples, esse mecanismo costuma encontrar uma série de obstáculos e promover muitos erros em sua trajetória. São eles: a imprecisão dos objetivos traçados; a não identificação das ações adequadas; não dispor de informações ou evidências que provam se o objetivo está sendo atingido; não dispor de mecanismos para corrigir possíveis desvios de rumo ou de conduta; não ter flexibilidade para variar a atuação e acreditar que o sucesso acontece sem persistência, disciplina ou paciência. Ressaltamos que os objetivos devem ser realizáveis, verificáveis e motivadores, além de estar de acordo com os valores e crenças de quem busca alcançá-lo. A falta de encadeamento de objetivos foi uma das razões pelas quais o campeão mundial de xadrez Garry Kasparov perdeu para o computador Deep Blue. Kasparov, em uma das jogadas com as peças brancas, inverteu um lance da sequência clássica de uma abertura e isso fez com que o computador conseguisse neutralizar a vantagem de Kasparov com essas peças.

★★★★★

Entender os cenários postos durante uma negociação, entretanto, não é suficiente para a garantia do sucesso. A cada nova incursão, Frank busca analisar o comportamento daquele que está do outro lado – foi assim que escolheu Jackie Sharp para substituí-lo no Congresso quando planejou se tornar vice-presidente ou quando optou por Donald Blythe para ser seu próprio vice-presidente em sua gestão transitória. Como a negociação é uma dança de sedução, ter a sensibilidade e prever qual o próximo passo de seu par pode ser estratégico.

Muitos especialistas utilizam a classificação Myers-Briggs de liderança, inspirada nas descobertas do psiquiatra Carl Jung, para definir os quatro principais perfis comportamentais que podem ser transportados facilmente para o universo da negociação. As nomenclaturas podem mudar de um autor para o outro, mas, em resumo, todos dizem a mesma coisa. A ideia aqui é, de certa maneira, não só descobrir qual é o perfil daquele que negocia com você, mas também descobrir quem é você na classificação. Assim, poderá prever não só as atitudes do outro, mas também as suas, principalmente diante de negociações inesperadas.

Matriz dos perfis comportamentais

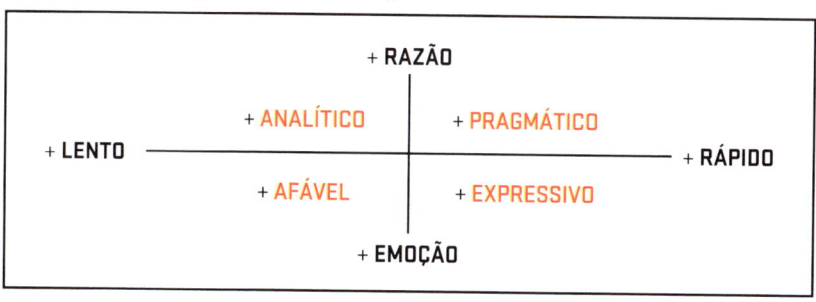

	+ RAZÃO		
	+ ANALÍTICO	+ PRAGMÁTICO	
+ LENTO			+ RÁPIDO
	+ AFÁVEL	+ EXPRESSIVO	
	+ EMOÇÃO		

Fonte: A magia dos grandes negociadores

Cada perfil possui características positivas e questões a serem trabalhadas, um não pode ser considerado melhor que o outro. Para checar onde você se encontra nessa matriz, pense em como costuma reagir diante de negociações no trabalho ou na execução de tarefas. É guiado pela razão ou pela emoção? É mais rápido ou mais lento para tomar decisões? Com respostas simples – e sinceras –, você pode se encaixar na matriz e se localizar para verificar como tende a reagir diante de certas situações. Da mesma maneira, mentalize seus pares nas negociações e faça a mesma análise, com o objetivo de mapeá-lo e localizá-lo na matriz. A combinação dos perfis pode funcionar como outra estratégia de controle de cenário para o sucesso.

Para aqueles que costumam pensar mais rápido e tomar decisões com base na razão, seu perfil é o pragmático (ou controlador). É fácil identificá-lo na multidão empresarial – é aquele que sempre o recebe com formalidade, costuma ir direto ao ponto, é objetivo, autoconfiante, enérgico, responsável, decidido e o cumprimenta com um aperto de mão firme, olhando fundo nos seus olhos. O pragmático gosta de realizar, de superar desafios, é prático. Detesta perder tempo e tem foco nos resultados. No lado pessoal, pode ser alguém altamente competitivo, que gosta de esportes individuais e introvertido. Pelo lado negativo, pode se tornar arrogante, prepotente, até um pouco intolerante e insensível, falando o que pensa "doa a quem doer". Como está direcionado a resultados, pode apresentar baixa competência interpessoal. Portanto, o negociador que pretende utilizar da emoção com o pragmático está perdendo tempo. Ele admira quem apresenta raciocínio lógico e aquele que traz soluções, metas, resultados. É importante mostrar para o pragmático que ele está fazendo um bom negócio, que está ganhando tempo e que aquela relação está sendo criada para um final eficaz.

Mantendo a mesma linha, o expressivo (ou catalisador) também gosta de trabalhar com a rapidez nas decisões, mas tende à emoção mais do que à razão. O expressivo costuma ser o que chama a atenção ao chegar ao trabalho, que conduz as reuniões com bom humor e foco nas metas, que tende a se aproximar dos colegas por interesses diversos e que vão além dos negócios e apresenta personalidade entusiasta, persuasiva, otimista, criativa, estimulante, empreendedora e espontânea. No entanto, sua eloquência pode perder o controle quando está sob tensão – fala alto e pode explodir. Sua busca por popularidade tende a deixá-lo superficial, impulsivo, exclusivista e difícil de se confiar. Corre o risco, muitas vezes, de não cumprir o que promete ou de traçar metas irrealizáveis. Ainda que busque a segurança e a realização, pode se perder em suas afirmações exageradas. No entanto, por estar no eixo da rapidez, gosta de realizar metas com velocidade, antecipar tendências e explorar novidades. Para negociar com o expressivo, comece destacando sua vivacidade, liderança e rapidez. O expressivo tem uma forte ligação com o ego e gosta de ser reconhecido por ser uma pessoa que se esforça para ser única.

No eixo da tomada de decisões lentas está o analítico, também baseado mais na razão do que na emoção, como o pragmático. Sua inclinação à lentidão é positiva, uma vez que é normal vê-lo trabalhando solitário, afastado de todos, rodeado por papéis, livros e relatórios e mais relatórios. De postura observadora, está sempre em busca do conhecimento, de estudar o passado para projetar o futuro com mais certeza e capacidade crítica. Costuma sempre analisar demais antes de tomar qualquer decisão, sendo muito preciso, organizado, metódico, sério e perfeccionista. No lado negativo, diante de tantas informações, tende a ser indeciso e um grande procrastinador, adiando as decisões na esperança de um novo dado que lhe dê ainda mais segurança. Também estão inclinados à teimosia, à retração e dificilmente se envolvem emocionalmente com as questões corporativas; a razão está sempre no comando. O reconhecimento é pouco necessário, a segurança está sempre em primeiro lugar. Sob tensão, a rigidez impede que retruque e acaba por se calar e se retirar. Para negociar com o analítico, o raciocínio lógico é bastante importante, pois o conhecimento o encanta. O acordo até pode acontecer, mas tenha sempre em mente que ele detesta correr riscos ou se expor a decisões inseguras. Ao mesmo tempo, mostre que é necessário e benéfico tomar uma decisão, pois muitos dados podem fazê-lo procrastinar a negociação.

> "Nunca se coloque à mercê de decisões dos outros. Tome a iniciativa"
>
> **Frank Underwood**

Por fim, o estilo afável (ou apoiador) combina decisões lentas com emoção. Também é outro perfil fácil de identificar nas corporações – imagine aquele funcionário que é tranquilo, gentil, costuma ajudar todos que estão ao seu alcance, procura fazer um bom trabalho em equipe. O afável tende para o lento porque, assim como o analítico, não costuma tomar decisões no impulso ou com pressa por conta dos resultados. Ele opta sempre por afastar-se para ponderar suas decisões e evitar algum erro. Gosta de desenvolver relacionamentos duradouros com seus companheiros de trabalho, é paciente, ponderado, agradável e excelente comunicador. É um ótimo "ombro amigo" e costuma pedir a opinião dos outros para formar sua decisão final. Contudo, exatamente por preferir a relação positiva com todos, o apoiador pode ser dissimulado, manipulador, agradar em demasia para evitar conflitos e, assim, apresentar-se como uma resistência passiva. Com extrema dificuldade para dizer não, pode ser "levado" na conversa e concordar com alguma promessa sob tensão, mas não cumprir posteriormente. Para negociar com o afável, trabalhe sempre com a emoção. Ele gosta de se sentir parte do todo e precisa ver os benefícios mútuos durante uma negociação, pois o bem dos outros e o pertencimento são importantes para ele. A ausência de conflitos e as relações humanas também precisam nortear as conversas com esse perfil, que pode sentir-se culpado ao perceber que "levou vantagem" sobre outro.

★★★★★

Na ficção, encontramos diversos exemplos dessa tipologia de Jung. Em House of Cards, é fácil posicionar Frank na matriz do pragmático, mas também não é surpreendente colocá-lo na face do expressivo, pois há muitas ocasiões em que ele busca, além do poder, o reconhecimento por sua astúcia e sua inteligência. Claire também poderia ser colocada no quadro do pragmático, mas a postura analítica se faz bastante presente em sua personalidade. Ela costuma ponderar bastante suas decisões, dificilmente atua impulsivamente e gosta de ter todos os dados para tomar as decisões certas na hora adequada. O perfil afável determinava as atitudes de Peter Russo, por sua vez, que buscava ser um deputado que atendesse às necessidades de seus colegas e que, quando acuado, topou realizar ações com as quais não concordava – o que acabou culminando em seu assassinato.

Podemos fazer também esse mesmo paralelo com outras ficções, como o clássico Guerra nas Estrelas. A princesa Leia representava a líder do tipo afável, tomando decisões e comandando os súditos, mas contando com as opiniões de outros para liderar as pessoas. Já Luke Skywalker e Darth Vader poderiam ser categorizados como expressivos, cada um à sua maneira. Han Solo, por sua vez, é o típico guerreiro pragmático. Obi-Wan Kenobi, o estratégico mentor, é o analítico, aquele que tinha a sabedoria para equilibrar prós e con-

De olho na linguagem corporal

ATITUDES POSITIVAS	ATITUDES NEGATIVAS
CONFIANÇA: posicionamento ereto ou sentado; contato visual em alto grau; pés apoiados sobre a mesa.	**FRUSTRAÇÃO:** esfregar o lado posterior do pescoço; passar os dedos pelos cabelos; respiração acelerada, mãos apertadas.
COOPERAÇÃO: cabeça curvada para o lado; corpo reclinado para a frente na cadeira; paletó desabotoado; palmas das mãos viradas para cima.	**ANSIEDADE/NERVOSISMO:** pigarrear; inquietação na cadeira; entrelaço de dedos, abotoaduras, anéis; puxões no lóbulo da orelha.
EXPECTATIVA: mãos se apoiam nos quadris; braços esticados, segurando a mesa; estalar os dedos; palmas das mãos deslizam sobre as coxas.	**ABORRECIMENTO:** rabiscos sobre bloco de notas; tamborilar dos dedos sobre a mesa; olhar fixo inexpressivo; dar pancadinhas com os pés.
INTERESSE/AVALIAÇÃO: cabeça erguida; queixo alisado; mão levada ao rosto; hastes dos óculos colocadas no interior da boca; cabeça inclinada.	**DEFENSIVA/NÃO ACEITAÇÃO:** tornozelos cerrados; cabeça se situa ao longo do peito; punhos cerrados; pernas cruzadas; braços cruzados na altura do peito.

FONTE: Livro *Negócio fechado! A arte da negociação*, de Paul Steele, John Murphy e Richard Russill.

tras das decisões. Já na série de livros Harry Potter, de J.K. Rowling, o herói que dá nome ao *best-seller* é intuitivo, busca reconhecimento e investiga nas sombras – é o expressivo. Seu melhor amigo, Ron Weasley, é o afável, que age com o coração e está pronto para defender os colegas de todo o mal. A observadora Hermione Granger é a analítica do trio, dotada de muita inteligência e buscando o tempo todo mais e mais informações para basear suas decisões. Para fechar, o professor Severus Snape é o pragmático, que quer velocidade nas decisões e que age quase sempre com a razão em primeiro lugar.

A negociação também está relacionada a condutas básicas que podem influenciar o comportamento dos participantes independentemente de seus perfis. São as posturas ganha-perde, ganha-ganha e perde-perde[1]. Essas condutas ajudam a determinar a forma com que o negociador deve usar tudo que acumulou de aprendizado sobre seu par até aquele momento. É a hora de usar todos os seus conhecimentos, recursos e habilidades. No caso da postura ganha-perde, o negociador está interessado sumariamente em satisfazer os próprios interesses, ainda que cause prejuízos para o outro lado. Para ele, o importante é levar vantagem em tudo, o mundo é dos espertos, a negociação é um campo de batalha em que os mais fortes vencem, só os interesses próprios é que contam, informações falsas fazem parte da discussão, não é necessário criar vínculos duradouros com o par, quem tem pena do coitado que assuma o lugar dele, e o que vale, sobretudo, é o curto prazo. Do ponto de vista negativo, a ética, portanto, não é o fiel da balança para esse tipo de negociador. Nesse tipo de ação, há muitas barganhas e diversos tipos de intimidação e de manipulação.

Já na postura ganha-ganha, o negociador considera que o melhor acordo é aquele em que ambas as partes consigam benefícios para si. Não há inimigos na mesa e é importante encontrar convergências entre os interesses. Para ele, o interesse é que um bom negócio atenda aos desejos de todos os envolvidos, que o problema do outro deve ser identificado e solucionado durante o processo de negociação, que as perspectivas a longo prazo precisam ser consideradas, que o relacionamento entre as partes deve ser cultivado e que ambos os lados precisam estar comprometidos de forma verdadeira com a implemen-

---

[1] Extraído do livro *Negociação total*, de José Augusto Wanderley.

tação de um bom acordo. A postura perde-perde, finalmente, é mais difícil de ser encontrada. É aquela em que tanto um quanto o outro negociador não se importam de perder caso leve o outro para a sarjeta também. A máxima aqui é prejudicar o par, mesmo que não obtenha nenhuma vantagem para si.

Vemos uma postura como essa quando, na quarta temporada, Frank decide apoiar outra candidata para o cargo de deputada de um distrito do Texas desejado por Claire. Quando ele a sabota durante o Discurso da União, Claire assume uma atitude vingativa e revida a traição do marido, fazendo com que Frank perca as primárias no seu próprio estado. Ela expõe em um *outdoor* de Gaffney, cidade natal de Underwood, uma foto do pai de Frank com um membro da Ku Klux Klan, grupo da supremacia branca dos Estados Unidos. Na época, Calvin Underwood foi ao encontro do polêmico grupo para pedir um empréstimo e salvar a fazenda da família. Mesmo sabendo que a divulgação daquela imagem poderia significar a derrota de Frank para as eleições daquele ano, Claire revela sua estratégia para o esposo e dá um ultimato: "Eu posso ser parte da sua campanha ou acabar com ela. Você não pode vencer sem mim". Assim, ela acaba convencendo-o de alçá-la ao cargo de vice-presidente.

O clima e a confiança, portanto, são duas variáveis fundamentais para que a negociação transcorra de forma tranquila e construtiva. Mas há cenários em que o clima construtivo pode ser substituído por um clima defensivo, em que o outro negociador está mais inclinado à batalha do que ao acordo. O que fazer nesse sentido? A confiança construída aqui deve ser voltada para a credibilidade, para o estabelecimento de promessas que serão cumpridas, e não para a autoconfiança. Quando firmada, é difícil de ser destruída entre as partes, mas também significa que os lados estarão vulneráveis e expostos à traição – por isso, o clima de defesa pode surgir nesse contexto. Assim, não basta ser honesto, é preciso parecer honesto no mundo da negociação. Em paralelo, a razão para a desconfiança pode estar presente não no outro, mas em nossa percepção da situação ou em nosso falho julgamento a partir de ruídos da comunicação. Assim, dê espaço para explicações, para retratação, para saber o que houve. O objetivo é sempre fazer com que a negociação funcione e seja benéfica a todos. Verifique tanto no outro quanto em você se discurso e prática combinam.

★★★★★

Muitas negociações também envolvem a resolução de impasses. Em geral, as pessoas não se interessam por impasses e preferem fazer concessões para sair da mesma posição. O problema é que essa atitude tende a provocar maus acordos, e muitos negociadores preferem utilizar táticas de impasses para se aproveitarem do sentimento de frustração criado. O impasse também é eficiente para que um dos lados ganhe tempo ou para que se teste até onde vai a determinação de seu par naquela discussão. O importante é lembrar sempre

Climas na negociação

CONSTRUTIVO	DEFENSIVO
EMPATIA: colocar-se no lugar do outro durante a negociação.	**FRIEZA/HOSTILIDADE:** manter-se distante, ver somente seu ponto de vista.
OBJETIVIDADE: descrever e mostrar fatos, discernir o que é relevante do irrelevante, buscar dados para julgar e avaliar.	**SUBJETIVIDADE:** imprevisibilidade, inexistência de referenciais ou dados, instabilidade, mudanças de posição sem consistência ou justificativa.
AFIRMAÇÕES PROVISÓRIAS: tudo pode ser modificado, desde que haja consistência.	**CERTEZA:** demonstra inflexibilidade, dogmatismo.
ORIENTAÇÃO PARA PROBLEMAS: buscar identificar desafios e apresentar soluções.	**RIGIDEZ OU BARGANHA:** defender seu ponto de vista e não considerar os interesses do outro.
IGUALDADE: respeito, paciência, consideração, reciprocidade.	**SUPERIORIDADE:** criticar, desprezar, menosprezar, julgar, avaliar.
ABERTURA: saber se expor, falar o que é importante, ser honesto, mas não revelar necessariamente tudo o que sabe.	**FACHADA:** manipular, enganar, distorcer ou esconder fatos relevantes para a negociação.

FONTE: *Negociação total*, José Augusto Wanderley.

que o impasse existe e que não há por que ter medo dele. O receio de envolver-se em um pode provocar uma armadilha em acordos desvantajosos e que provoquem constrangimentos e prejuízos para a empresa posteriormente.

Caso você se encontre em um impasse, respire fundo e busque identificar o que há por trás dele. Há táticas de falsas negociações? Há uma armadilha em curso? Frank passou por um momento como esse na quinta temporada, quando decidiu testemunhar no comitê e renunciar ao cargo de presidente dos Estados Unidos. Frank percebia o embaraço em que havia se enfiado. Após os impasses eleitorais em Ohio e Tennessee, as ameaças de depoimentos no comitê de personagens como Jackie Sharp e Remy Danton e as denúncias descritas por Tom Hammerschmidt, Frank precisou tomar uma atitude que solucionasse o conflito: renunciar. Mas, como de costume, Underwood jamais toma decisões sob pressão – ele já havia tomado esse rumo há meses, pedindo que Claire lhe concedesse o perdão presidencial quando assumisse seu posto, o que ela titubeou.

Para auxiliar na superação desses impasses, algumas dicas são válidas, como: perceber se algum gesto de boa vontade foi encarado como uma forma de manipulação pelo outro, eliminar problemas ou distorções de comunicação e evitar um clima emocional desgastante, encontrar alternativas interessantes para o acordo (como aumentar o prazo de pagamento, trazer novos fornecedores para o jogo, etc.), interromper a conversa para um pausa após a discussão, fazer um resumo dos avanços obtidos até então e encontrar um mediador neutro que possa destacar os pontos positivos da negociação e que estabeleça críticas e sugestões para o acordo.

Se todos estão negociando a todo o tempo, corremos o risco permanente de cometer erros. Em especial, se um processo se torna mecânico – prática bastante comum quando nos acostumamos com alguma função específica –, as chances de erros aumentam consideravelmente. Que tal refletirmos sobre cada ponto apresentado até aqui e identificarmos os principais erros cometidos durante as negociações, até mesmo pelos mais experientes? São eles:

1) **Improvisar**: não se preparar ou simular a negociação, sentindo-se à vontade com as técnicas e táticas por estar acostumado com a prática.

2) **Falta de empatia:** você não dialoga com o espelho, coloque-se sempre no lugar do outro negociador e pense quais são as necessidades e desejos que ele pretende conseguir para projetar as discussões possíveis.

3) **Achar-se superior:** não é para se sentir por baixo, mas espere sempre estar em desvantagem, isto é, com menos informações, tempo e poder, pois assim buscará constantemente a melhoria.

4) **Sua versão é o fato concreto:** sempre seja honesto sobre os fatos. Uma coisa é omitir alguma informação sigilosa, outra é mudar a versão dos fatos. Fatos são fatos e precisam ser passados em sua completude para o outro.

5) **Confundir pessoal com profissional:** ainda que o comportamento e os valores da pessoa sejam analisados para a negociação, lembre-se de que o outro negociador pode não se deixar levar pelas próprias posições, ideias ou crenças durante uma discussão empresarial, somente os interesses econômicos.

6) **Jogo sujo:** não se deixe levar por táticas antiéticas com o objetivo de levar o outro negociador para o buraco. Todo jogo sujo deve ser identificado e eliminado imediatamente da mesa de negociação.

7) **Ser egoísta:** a postura ideal para todo tipo de negociação é a ganha-ganha, portanto, visualize sempre quais são os desejos seus e do outro negociador, não somente quais são seus objetivos.

8) **Ser ingênuo:** jamais inicie uma negociação sem perceber os sinais verbais e não verbais do outro, especialmente diante de ideias semelhantes, pois o outro poderá sempre estar atrás da manipulação e da persuasão, aproveitando-se de sua ingenuidade.

9) **Criar um clima de animosidade:** utilizando o método de coerção, o clima de intimidação e de ameaça costumam atrapalhar e afugentar o outro negociador, impedindo o caminho para o acordo.

10) **Fazer concessões demais:** em busca de fechar o negócio, conceder mal significa conceder o dobro, pois desvaloriza o produto. O que é importante para você pode não ter nenhuma importância para o outro.

★ ★ ★ ★ ★ ★

"Evite as guerras que você não pode ganhar e nunca levante uma bandeira por uma causa estúpida"

Frank Underwood

CAP. **6**

GESTÃO DE CRISE
UNDERWOOD 2016

NO *TRAILER* DA QUINTA TEMPORADA DA SÉRIE, Frank Underwood faz um curto monólogo em que escancara o que pensa. Direto, claro, desnudo: "o povo americano não sabe o que é melhor para si mesmo. Eu sei. Eu sei exatamente do que ele precisa. O povo é como um bebê, Claire. Temos de segurar seus dedos melados e limpar as boquinhas sujas. Ensinar o certo e o errado. Ensinar o que pensar, como sentir e o que querer. O povo precisa de ajuda para escrever seus sonhos mais loucos, modelar seus piores temores. Para a sorte das pessoas, elas têm a mim, têm a você. Underwood. 2016. 2020. 2024. 2028. 2032. 2036. Uma nação... Underwood".

Em toda a temporada, não há um momento em que Frank esteja tão presente, em que ele está pronto para nada mais esconder da audiência quanto nesse monólogo. Desde o início de sua trajetória, construímos um imaginário sobre Frank e sobre sua *persona*, sobre um homem que batalhava por seus objetivos políticos e não hesitava em atropelar quem quer que fosse – até capaz de assassinar, se necessário. No entanto, mesmo sabendo de sua personalidade feroz, de sua ambição cega pelo poder máximo, de seu pragmatismo racional e até inconsequente, o personagem é amado por seus fãs, além de ser usado de forma recorrente como exemplo de liderança (inclusive por este livro). O que faz de Frank Underwood – na verdade, do casal Underwood – tão cruel e tão admirado? O que faz com que, ainda que envergonhados, vemos a nós mesmos torcendo por eles a cada novo episódio, esperando que triunfem novamente a cada estratégia antiética? Essa pergunta pode ter uma resposta mais simples do que imaginamos e que tem tudo a ver com o mundo dos negócios: seu valor de marca.

★★★★★★

Em 1879, um dos fundadores da Procter & Gamble (P&G) ouviu a palavra *ivory*, que significa marfim em inglês, em um salmo da Bíblia. Essa palavra ficou em sua mente e gerou a ideia do primeiro sabonete branco da empresa, lançado em 1881. O Ivory teve seu primeiro anúncio divulgado em um jornal religioso e parecia "flutuar", imagem que combinava com a ideia de que este era "99,44% puro", duas expressões que formavam um dos mais famosos *slogans* de propaganda. Essa colocação foi originada a partir do estudo de um químico que testou o produto e descobriu que ele só possuía 0,56% de impurezas em sua composição. O Ivory tornou-se um líder de vendas em uma época em que os sabões eram ou amarelos ou muito escuros, irritavam a pele e danificavam as roupas. O produto, portanto, passava a imagem de ser puro, suave e flutuante. A cor branca, o nome e o *slogan* foram fundamentais para seu sucesso junto ao público.

O exemplo acima pode ser generalista, mas dá conta do nosso objetivo. A imagem de sua empresa é extremamente importante para o seu sucesso no mercado, e o valor que deseja dar à sua marca irá identificá-lo e acompanhá-lo durante décadas, sendo determinante para o cumprimento de suas metas. Ao ter um nome diferenciado, um símbolo, um produto ou um serviço, de cara, o público entenderá uma mensagem específica que deseja passar.

Por isso, o estudo da marca e da imagem empresarial é essencial para a construção da reputação de uma corporação. Underwood sabe disso e busca constantemente manter uma imagem política confiante. Como espectadores, em linhas gerais, podemos destacar que a "marca" Underwood é composta por temas como autoconfiança, determinação, objetividade, realização, pragmatismo e sagacidade. São essas as principais características que se destacam tanto em Frank quanto em Claire quando comandantes do país, características essas que também os diferem de seus concorrentes nas eleições de 2016.

Por outro lado, não basta ter uma imagem de marca valorosa, é preciso aliar o discurso às práticas. Por isso, o casal está sempre em busca de aprovações e projetos ambiciosos (ainda que nem todos tão populares assim) para demonstrar que eles não só prometem, mas também cumprem. Foi assim com o America Works de Frank e com a perseguição de Claire a Yusuf Al Ahmadi. É a resposta para a fixação de Frank em deixar um legado Underwood e não ser apenas mais um presidente que passou pela Casa Branca. Nesse sentido, fazendo a transposição para o setor corporativo, John Murphy aconselha em seu livro *Brand Strategy* (1990): "criar uma marca de sucesso requer misturar todos esses vários elementos de uma maneira exclusiva – o produto ou o serviço tem de ser de alta qualidade e adequado às necessidades do consumidor; o nome de marca deve ser atraente e estar afinado com as percepções do consumidor relativas a produto, embalagem, promoção, preço, e todos os outros elementos devem, similarmente, passar nos testes de adequação, apelo e diferenciação".

A construção de marca – seja ela empresarial ou também de seu porta-voz/dono e rosto do negócio – exige uma estratégia muito bem planejada além de reforço constante ao longo dos anos. A verdade é que seu retorno pode demorar a aparecer e até forçar uma redução de lucros da empresa à primeira vista. Mas essa construção cria ativos e ajuda na sobrevivência da empreitada, especialmente em momentos de crise. A construção da marca está ligada à sua identidade e à de seus donos, portanto, se há algum tipo de dúvida ou de ambiguidade ética, cuidado, pois a comunicação posterior pode ser prejudicada. Contudo, é importante diferenciar. O escritor David A. Aaker nos ajuda nessa difícil missão. Segundo ele, "uma marca forte apoia-se em uma identidade de marca rica e clara – um conjunto de associações que o estrategista de marca procura criar ou manter. Em contraste com a imagem de marca (as associações atuais da marca), uma identidade de marca é aspiracional e pode implicar a necessidade de mudança da marca ou de sua ampliação. Em um sentido fundamental, a identidade de marca representa aquilo que a organização deseja que sua marca signifique"[1].

A todo o tempo Frank precisa lutar contra as manobras que fez no passado para chegar ao topo, atitudes que não dialogam com a imagem que deseja passar ao povo de um homem temente a Deus, em um casamento feliz e que promete fazer sempre o melhor ao povo. Aos poucos, ele começa a encaixar sua personalidade com a *persona* que escolheu como "Frank Underwood", o político e sua posição como presidente.

Um dos momentos em que essa transição fica clara é em seu discurso sobre o tão falado sonho americano: "por muito tempo, nós em Washington temos mentido para vocês. Nós dizemos que os servimos, quando na verdade servimos a nós mesmos. E por quê? Somos levados pelo nosso pior desejo de reeleição. Nossa necessidade de continuar no poder ofusca o nosso dever de governar. Isso acabará hoje. Hoje eu falarei a verdade. E a verdade é esta: o sonho americano falhou com todos vocês. Trabalhar duro? Seguir as regras? Não garantem sucesso. Seus filhos não terão uma vida melhor do que você teve. Dez milhões de vocês nem sequer têm emprego, mesmo querendo muito. Fomos quebrados por Previdência Social, Medicare, Medicaid, por programas de assistência social, por bolsas do governo. E esta é a raiz dos problemas: programas de governo. Deixe-me ser claro. Vocês não têm direito a nada. Vocês não têm direito a nada". Até aqui, Frank consegue ser

> "Quer mesmo falar sobre coragem, Claire? Porque qualquer um pode se matar, ou falar demais na frente das câmeras. Mas quer saber o que é coragem de verdade? Ficar de boca fechada, não importa o que esteja sentindo. Ficar firme quando há tanta coisa em jogo"
>
> Frank Underwood

---

[1] Extraído do livro *Como construir marcas líderes* (2002).

sincero como costuma ao quebrar a quarta barreira e falar com o espectador. Parece-nos que ele mostrará quem realmente é para o povo norte-americano. Mas, então, ele usa do seu discurso para apresentar e forçar a aprovação do projeto America Works.

Essa é uma estratégia muito utilizada por empresas para construir uma relação de confiança com seus consumidores. De uma perspectiva positiva, elas buscam entender a necessidade de seus clientes e aliar sua solução a algum tipo de benefício emocional ou de autoexpressão. É isso que transmitem Volkswagen e Nike, por exemplo, com os *slogans* "Inspirado na sua vida" e "*Just do it*", respectivamente. Elas estão falando de um carro confiável que alia segurança, tradição e beleza; e de uma marca utilizada por vencedores que eram como você e eu e que começaram de algum lugar apenas fazendo. Em House of Cards, por sua vez, Frank está oferecendo o America Works para acabar com os milhares de desempregados nos Estados Unidos e, com isso, permitir que as famílias voltem a ter poder de compra, possam ir ao cinema, curtir um fim de semana viajando, visitar familiares que moram afastados, etc.

★★★★★★

Falar de gestão de marca imediatamente nos leva a dois pontos importantes, a gestão da reputação e o gerenciamento de crises, ambos temas com que o casal protagonista foi obrigado a lidar em diversas ocasiões. A reputação é uma preocupação grande e significativa para as empresas no universo contemporâneo, em face do papel importante exercido tanto pela mídia quanto pelo público nas mídias sociais. A reputação é considerada um ativo inatingível e que se constrói junto com a identidade da marca e sua imagem conquistada no mercado. A reputação, assim como a imagem, diz respeito à percepção que o mercado tem de sua atuação, de seu valor como ator na indústria. Significa prestígio e também está ligada ao imaginário social que é elaborado com o tempo. Geralmente parte de uma percepção cristalizada da maioria e que vai sendo moldada e forjada a partir da atuação do negócio, tanto de forma positiva quanto negativa. A reputação de uma empresa está sempre relacionada com a confiança coletiva e também coincide, mais tarde, com a credibilidade.

Seja no contexto do líder do negócio ou da empresa como um todo, a reputação também visa à respeitabilidade social, outro fator importante para a construção de uma marca sólida e valorosa.

Empresas que passam por crises costumam se apoiar com frequência em sua reputação no mercado para superar as dificuldades originadas. Assim, o empresário que entender a construção da marca e da reputação como missões secundárias estará cometendo um grande erro, em especial diante de possíveis conflitos. Muitos veem nessa busca pela reputação uma sacada de "marqueteiros", uma conotação extremamente danosa à empresa, o que se mostra uma falha irreparável em inúmeros casos. A reputação torna-se uma grande vantagem competitiva tanto perante os concorrentes quanto em momentos de dificuldades junto ao mercado consumidor e escândalos na mídia.

Um ativo sólido só é criado quando tanto a identidade quanto a imagem da organização estão alinhadas e são coerentes. Em paralelo, negócios que possuem reputações sólidas e positivas também conseguem atrair e reter mais talentos, assim como consumidores e parceiros de negócios mais fiéis e que terão mais receio de abandoná-los diante de crises.

Estrutura da Reputação

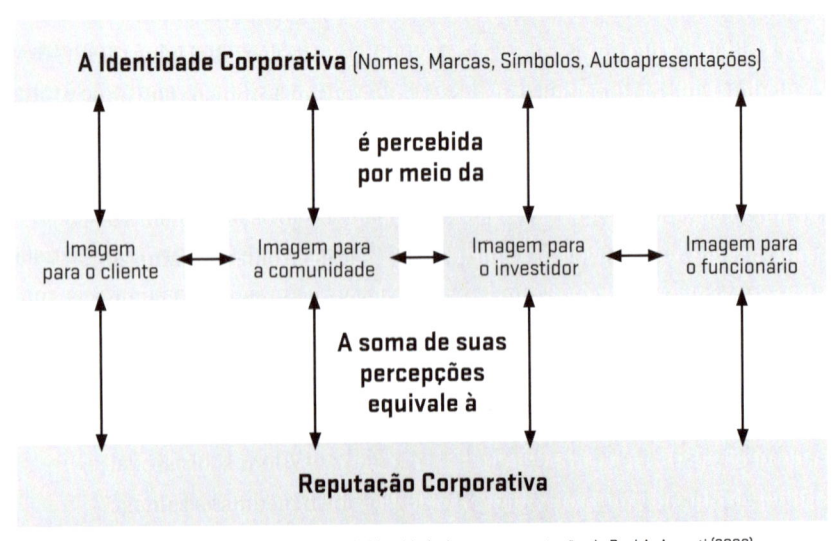

A Identidade Corporativa (Nomes, Marcas, Símbolos, Autoapresentações)

é percebida por meio da

| Imagem para o cliente | Imagem para a comunidade | Imagem para o investidor | Imagem para o funcionário |

A soma de suas percepções equivale à

Reputação Corporativa

FONTE: *Comunicação empresarial. A construção da identidade, imagem e reputação*, de Paul A. Argenti (2006).

Frank e Claire sobreviveram a cinco temporadas e a crises em diversas esferas, algumas vezes de forma mais eficiente, outras precisando lidar com um rastro de destruição e pecados pelo caminho. Mas, sobretudo, o casal nos ensinou que cultivar uma boa reputação e seguir três mandamentos da gestão de crise representam uma boa chance de vitória. Pelo menos, eles nos mostraram que, acima de tudo, não se deve temer a crise. Mostraremos a seguir como ambos se saíram (ou se enrolaram) diante de crises emocionais e profissionais seguindo três regras: é impossível evitá-las, é preciso encará-las de frente e é preciso estar preparado para enfrentá-las.

Originária do grego *krisis* ("decisão", "julgamento"), a palavra crise é entendida como um momento crítico e que sucede alguma ruptura. Histórias dão conta de que foi usada pioneiramente na medicina como "o momento que define a evolução de uma doença para a cura ou para a morte"[2]. Na modernidade, a palavra passou a figurar entre áreas como a Psicologia, a Sociologia, a História e a Economia para representar momentos em que as coisas se desequilibram, se desorganizam, enfim, saem dos trilhos. Ao mesmo tempo, o ideograma chinês para a palavra crise é a combinação de dois símbolos, um que significa "perigo" e o outro que é traduzido como "oportunidade". Ou seja, ainda que haja riscos e ameaças, uma crise representa também a oportunidade de crescimento interno e externo.

A questão é que crises não se importam com tamanho, faturamento, número de empregados, nacionalidade, missão, valores, ramo de atividade, NADA! Se você ainda não enfrentou uma crise em sua empresa, não abra um grande sorriso e pense "uau, escapei dessa". Não que seja para ficar encanado, mas ela – em algum momento – chegará para você como chega para todos, independentemente de porte, reputação ou cor dos olhos. Claro que existem crises maiores e menores, de gravidade, impacto ou complexidade diferentes, mas não há como escapar delas, especialmente em um mundo tecnológico e globalizado como o atual.

Contudo, evitar conflitos é inútil, e preparar-se para eles é estratégico. É questão de tempo até que uma crise estoure em sua mão, visto que o cotidia-

---

1 Extraído do livro *Crises empresariais com a opinião pública*, de Roberto de Castro Neves (2002).

no empresarial funciona assim, de altos e baixos, de incêndios catastróficos e de fogueiras quase que inocentes. O importante é incluir essa possibilidade no planejamento corporativo e criar algumas manobras para enfrentar esses contratempos inevitáveis.

Inserido no contexto político, Underwood sabe melhor do que qualquer liderança enfrentar potenciais crises. Nosso primeiro contato com sua performance diante de uma acontece logo no segundo episódio da primeira temporada, quando uma jovem morre em um acidente de carro em sua cidade natal, Gaffney, enquanto enviava uma mensagem de texto sobre uma famosa caixa d'água em formato de pêssego gigante que avistou da estrada. Ainda que digitar e dirigir seja uma prática arriscada e sujeita à multa de acordo com o código de trânsito, Frank foi apontado como um dos responsáveis pelo acidente, pois aprovou o projeto de criação da caixa d'água.

Ao mesmo tempo, ele estava lidando com questões sobre a nova lei de educação, mas entendeu que precisava se antecipar para prestar assistência aos pais da garota e impedir que uma crise se instalasse. O problema é que, ao chegar a Gaffney, os pais da jovem se recusam a receber Frank, que busca apoio com políticos locais e influenciadores comunitários, inclusive um líder religioso, para comunicar-se com a população. Para gerenciar a crise latente, de um lado, tentou acertar detalhes políticos sobre muretas de proteção e outras orientações sobre o uso de celular e direção perigosa. De outro, conseguiu um espaço durante um culto para falar sobre perdão, possibilitando uma aproximação com os pais da jovem. Para especialistas, trazer os fatos à tona é uma forma eficiente para minimizar os impactos de um futuro conflito. Frank também agiu imediatamente e buscou impactar públicos diferentes, mostrando-se ainda conectado com as pessoas de sua comunidade.

Nesse episódio, Frank diz uma de suas frases marcantes enquanto conversa com os pais da moça: "o que precisam entender sobre o meu povo é que ele é um povo nobre. Humildade é sua forma de orgulho. É sua fortaleza. É sua fraqueza. Se você demonstrar humildade diante deles... Eles farão o que você quiser". Para impedir o surgimento da crise com chave de ouro, Frank sugere a criação de uma bolsa de estudos com o nome da falecida na faculdade onde ela iria estudar, estabelecendo uma identidade entre a família, a comunidade e o próprio político. A questão é que a opinião pública ainda é um grande fator para qualquer empresa estabelecer credibilidade e sucesso no mundo corporativo. Estar a par de como o público pensa, se reúne, se estrutura e batalha por seus ideais é fundamental para que você saiba antever possíveis crises que possam atingir seu negócio. Crises com a opinião pública são evitáveis e administráveis. No caso relatado acima, Frank precisou trabalhar com o imponderável – a morte de uma jovem e sua ligação com a caixa d'água aprovada por ele. No entanto, como um bom estrategista, soube administrá-la antes que se tornasse um verdadeiro problema para sua imagem diante da negociação da lei de educação, algo que realmente lhe interessava naquele momento.

Com efeito, o que fica de primeiro ensinamento é, mais uma vez, o planejamento. Sim, pois também é possível se planejar para imprevistos (ou seriam *previstos*?). A verdade é que a crise chegará para todos, e estar preparado para ela é o primeiro passo para vencê-la ou para que ela seja, efetivamente, apenas uma marolinha.

Ter um plano B, C ou D para certas estratégias costuma ser uma boa ideia e impede que decisões precipitadas, e geralmente irreversíveis, sejam tomadas em momentos de pressão. Não espere o período de vacas magras para pensar nesse planejamento, faça isso quando a situação estiver mais tranquila e o mercado não apresentar tanta instabilidade.

Outro ensinamento que esse caso nos apresenta é que uma crise, por menor ou mais insignificante que pareça, jamais deve ser subestimada. Usualmente, empresários conseguem lembrar-se apenas de grandes exemplos que aconteceram com outras corporações. O que eles não sabem é que muitas delas começaram pequenas, quase ínfimas, e foram sendo deixadas de lado, como se não tivessem importância. O problema é sempre mais embaixo! E ele toma anabolizantes! É preciso sempre estar de olho em questões não resolvidas que podem pegar mal de alguma maneira para o negócio. Olhar para seus concorrentes ou amigos do setor costuma ser uma boa prática. O empresário deve analisar os tropeços de seus companheiros de ramo e pensar "poxa, isso poderia ter acontecido comigo". Em seguida, que tal descobrir quais foram os motivos que levaram à crise? Temos certeza de que o problemão começou do tamanho de uma bola de gude e virou uma bola de neve da extensão da Noruega. Fazer o planejamento e a gerência de riscos e crise em uma empresa, infelizmente, é vista por muitos como a limpeza do esgoto nas cidades, um trabalho que quase ninguém vê, quase ninguém lembra e quase ninguém dá valor ou vira notícia. Mas é importantíssimo diariamente.

Um caso emblemático: EXXON

Em 24 de março de 1989, um petroleiro da empresa norte-americana EXXON chocou-se com o "Bligh Reef", um *iceberg* de dez quilômetros de comprimento no Alasca, localizado na cidade de Valdez. O local era considerado um paraíso ecológico, refúgio para diversas espécies como baleias, salmões e pássaros marítimos na primavera. O choque causou o vazamento de dez milhões de galões de óleo, o equivalente a 260 mil barris, atingindo uma área de sete quilômetros. Dados de instituições ambientais indicam que mais de 600 mil pássaros, 2.800 lontras e 22 baleias, entres outros milhares de espécies, morreram com o vazamento. Ainda que não tenha sido a maior tragédia ambiental, o caso continua emblemático por demonstrar como mesmo grandes corporações não sabem reagir diante das crises. Logo após o vazamento, a empresa passou a ser atacada de todos os lados, do governo até a opinião pública. O que a EXXON fez? Primeiro, demorou muito para responder ao acidente e, quando o fez, não assumiu a responsabilidade, apenas lamentou o ocorrido. Depois, disse que a situação estava sob controle e que os danos ambientais eram mínimos, o que se constatou uma grande mentira. Em seguida, jogou a culpa da colisão para o comandante do petroleiro. Descobriu-se ainda que não havia brigadas de incêndio nem operações de socorro improvisadas. Em nenhum momento cooperaram com a imprensa e, quando uma emissora de TV solicitou entrevista com o presidente da EXXON, responderam que "ele não tinha tempo para essas coisas". Quando o executivo número 1 da organização foi designado a dar entrevistas e visitar o local, sua postura foi péssima e passou a ser motivo de chacota para todos.

★★★★★★

Há muitas crises que são originadas a partir de conflitos internos, como acidentes de trabalho, demissões em massa ou por motivos questionáveis, violações da legislação trabalhista, discriminação, assédio de toda natureza e escândalos de todo tipo, como fraudes, corrupção e crimes de colarinho-branco. Para o escritor e consultor de imagem empresarial Roberto de Castro Neves, 90% das razões causadoras de crises empresariais já existem nas organizações ou estão em processo de geração. Os outros 10% das causas de futuras crises ainda não existem – poderão se formar dentro de casa ou fora.

Dentre os 90%, há as chamadas de "ovos de serpente", as que estão em fase de desenvolvimento e que, se não forem destruídas, poderão virar perigosas cobras. Há ainda os chamados "esqueletos", razões guardadas nos armários das empresas e que estão apenas aguardando a oportunidade ideal para se revelarem. Essas são as adoradas pela mídia. Segundo Castro Neves, ao menos 45% desse total de 90% são conhecidas pelo dono do negócio ou pelo corpo gerencial da empresa. Elas não são resolvidas por preguiça, incompetência, conveniência, inércia ou completa ignorância dos comandantes – e acabam entrando na lista das coisas que serão resolvidas quando aparecer tempo.

O autor divide as crises internas em cinco categorias, sejam elas ovos de serpente ou esqueletos. A primeira categoria corresponde a "crimes, irregularidades, derrapagens, espertezas, safadezas e similares". Pensando na série, quase todas as crises que Frank e Claire enfrentam podem ser enquadradas por aqui, não? Castro Neves encaixa nessa categoria casos como corrupção de todo tamanho, operações ilegais, acordos ilegais, publicidade enganosa ou abusiva, agressões ao meio ambiente, descumprimento de contratos, relacionamento com o submundo (como contraventores ou contrabandistas) e operações de risco calculado, como comprometer-se a algo que será impossível cumprir.

A segunda categoria diz respeito a "processos internos, controles e administração em geral", dando conta de processos falhos ou ultrapassados, falta de auditorias regulares, tecnologia obsoleta, manutenção deficiente, terceirizações errôneas, ausência de *backups* em sistemas vitais, documentação desatualizada e desorganizada e testes incompletos de novos produtos e sistemas. A terceira

Reputação às favas

Em muitos casos, no entanto, nem mesmo a reputação é suficiente para segurar as pontas diante de uma grave crise. Um exemplo disso pode ser visto no mundo dos esportes em 8 de julho de 2014. Milhares de brasileiros acompanhavam ansiosos o jogo da seleção de futebol contra a Alemanha pelas semifinais da Copa do Mundo daquele ano, sediada em nosso País, aguardando um *show* da seleção canarinho, a que mais possui títulos mundiais, a que carregou o nome de Pelé, a que usa verde e amarelo e detém fãs em todo o mundo. Ninguém, contudo, esperava um desastre daquele tamanho. Entre o terceiro e o quinto gol da seleção adversária, muitos espectadores não souberam diferenciar – aquele era um *replay* do gol anterior ou mais um gol da Alemanha? O vexame era histórico, inesquecível e acabou por simbolizar tudo que há de terrível e inconsolável no Brasil: a cada dia, um novo 7x1 para a Alemanha.

categoria é relacionada aos "recursos humanos", representada por alta rotatividade, conflitos de interesses, RH inadequado, profissionais ambiciosos e arrogantes, assédio moral, cultura da pressão, estresse, relações de parentesco ou amorosas na mesma linha de subordinação e empregados que se sentem injustiçados. A quarta categoria está relacionada à "comunicação empresarial" e descreve uma comunicação não integrada, com boatos não analisados e ignorados, sugestões não examinadas, além de uma comunicação simbólica negativa, seja dos dirigentes com os profissionais ou com os *stakeholders*. A última categoria fala sobre "bobeiras, falta do que fazer", como o envolvimento em assuntos político-partidários, temas polêmicos e atitudes politicamente incorretas.

★★★★★★

Também na primeira temporada, Claire teve de aprender a driblar uma crise latente quando se preparava para realizar um evento da sua ONG, Clean Water Initiative (CWI), com o objetivo de expandir sua atuação no exterior a partir da criação de poços de água potável em locais remotos do globo. O evento estava programado para acontecer em meio à greve dos professores comandada por Marty Spinella, representante dos sindicatos dos profissionais norte-americanos da educação. O proprietário do hotel, próximo de Spinella, cancelou a reserva feita para Claire em cima da hora em retaliação a Frank.

À primeira vista, sem um plano B, a esposa do deputado se desesperou e começou a pensar no impacto que o cancelamento do jantar de gala causaria em sua campanha para arrecadação de fundos para sua ONG. Sua relação pessoal com Frank e as atitudes de seu marido no Congresso, portanto, haviam se tornado um problema para ela. No entanto, juntos, tiveram a ideia de fazer o evento no pátio do hotel, ao ar livre.

A falta do planejamento contingencial, uma das partes essenciais do gerenciamento de risco, quase pôs tudo a perder para Claire e sua ONG. Frank e sua equipe, contudo, acionaram a poderosa rede política de contatos e executaram a festa no pátio do hotel, convidando Freddy e suas costelas de porco para dar um toque informal à noite. Ao ser avisado do plano do casal, Spinella logo organizou um protesto e o enviou para a frente do hotel no horário da festa. Os jornalistas que cobririam o evento se dividiram para dar atenção também aos manifestantes. Contudo, o que poderia representar um grande problema para Frank e Claire acabou por dar ainda mais força ao casal que, a certa altura da festa, cruzou a rua e levou comida e bebida aos professores que ali estavam e que desistiram de protestar após a atitude do casal. O evento, no fim, acabou gerando mídia espontânea para a ONG e para o próprio casal Underwood.

Há outras questões que também ajudam a criar um ambiente propício para crises, sejam elas internas, do mercado em que o negócio está inserido ou da conjuntura nacional ou mundial. Devemos sempre levar em conta momentos como os de agitação política, econômica ou social no país. Por isso, o período de 2014 a 2017 foi tão difícil para empresários de todos os tamanhos, visto a quantidade de escândalos e instabilidades em todas as frentes e instituições brasileiras.

Tempos de vacas magras também devem ser considerados, sejam tempos de baixo consumo de forma geral ou de uma queda nas vendas de seu produto ou serviço específico. Já fatores como um mau clima organizacional, uma po-

GESTÃO DE CRISE

Mudança de processos

Era setembro de 1982 quando a Johnson & Johnson foi notificada por um repórter de Chicago que pessoas estavam morrendo envenenadas pelo uso de *Tylenol*, um dos maiores produtos do portfólio da organização. Na época, *Tylenol* era responsável por 35% do mercado de analgésicos. O repórter pediu uma declaração da empresa sobre o envenenamento por cianeto e, assim, ela ficou sabendo sobre a maior crise que enfrentaria. Primeiro, o remédio foi apontado como causa da morte de três pessoas. Nos dias posteriores, outras quatro pessoas morreram após ingerirem cápsulas do medicamento. No segundo dia da crise, a empresa disparou à imprensa um comunicado em que dizia não usar cianeto na fabricação do medicamento. O problema é que a informação estava incorreta. Imediatamente, anunciou que a informação dada era incorreta, pois usava a substância para realização de testes, mas não na produção de *Tylenol*. Em seguida, fez um *recall* do lote com 93 mil vidros do medicamento e gastou mais de meio milhão de dólares com a comunicação junto a hospitais, distribuidores e médicos. A Johnson & Johnson estava convencida de que o problema estava na distribuição do produto em Chicago, até que começaram a pipocar reclamações na Califórnia. Então, recolheram mais de 30 milhões de vidros por todo os Estados Unidos. Posteriormente, descobriram que o cianeto havia sido colocado nos vidros na pós-produção, por um terrorista desconhecido ou por um psicótico, e somente oito vidros foram contaminados. O problema é que uma pesquisa encomendada pela empresa mostrou que 61% das pessoas não pretendiam comprar *Tylenol* no futuro, o que fez com que o *market share* do produto caísse de 35% para 6%. A Johnson & Johnson optou por relançar o produto com uma mensagem de ser "à prova de sabotagem". A estratégia de *marketing* funcionou, e no início de 1983 o medicamento já havia recuperado 95% de seu *market share* anterior. Contudo, em 1986, uma mulher novamente morrera envenenada pelo produto. Foi quando a empresa cessou a produção de *Tylenol* em cápsulas e adotou a forma de tabletes. A criação da organização foi pioneira e obrigou a indústria a adotar novas práticas em termos de empacotamento.

lítica de Recursos Humanos inadequada e injusta, o crescimento acelerado e desigual e períodos de reestruturações ou fusões e aquisições são tão delicados quanto os citados anteriormente.

Uma pesquisa buscou quais eram as maiores vulnerabilidades apontadas pelas empresas presentes na lista das 500 maiores empresas do *ranking* da revista *Fortune*, dos Estados Unidos. Os principais fatores foram: acidentes industriais devido a falhas humanas, defeitos de produtos que produzem lesões ou morte de consumidores, problemas com o meio ambiente, conflitos com sindicatos, *recalls* de produtos, problemas com investidores, intervenção do governo na atividade, atos de terrorismo, rumores/boatos/vazamentos para a mídia e roubos, furtos ou fraudes internas. O mesmo estudo revelou que 50% dos entrevistados afirmaram não possuir qualquer tipo de plano de contingência ou de gerenciamento de crises.

Para evitar que sua empresa seja surpreendida por um imprevisto, a ideia é preparar um plano de prevenção e de gerenciamento de crises. O primeiro passo é testar a vulnerabilidade de sua empresa, isto é, fazer uma radiografia de como o negócio é visto no mercado – o que faz, como é retratado pela imprensa, com quem anda, em quem costuma pisar ou qual é sua postura diante das estratégias da concorrência. O próximo passo é fazer esse mesmo diagnóstico, mas com o olhar para dentro da organização. Como estão andando os processos, como é a relação estabelecida entre os empregados e como funciona a comunicação entre os níveis hierárquicos? Diante dessas duas análises, o que se segue é uma auditoria de imagem. Mas atenção: é preciso ser extremamente sincero e transparente nessa análise prévia. O propósito é ter uma visão clara e objetiva da organização para, em seguida, identificar quais são seus principais riscos e vulnerabilidades. Acima de tudo, é preciso ter consciência do que foi coletado e ser perceptivo o suficiente para notar as fragilidades que precisam ser corrigidas e tapadas. Em resumo, impedir que ovos de serpente sejam fecundados e que esqueletos continuem escondidos nos armários.

Feito o diagnóstico, um time para crise deve ser montado. Muitas vezes, esse time é composto pelo pessoal responsável pela Comunicação Integrada da empresa. Caso o negócio tenha um porte menor, muitos recorrem à representação do Comitê de Crise, composto por integrantes de cada área do negócio que se reúnem periodicamente para estipular medidas preventivas e focos de uma situação em potencial.

A sugestão é que o comitê seja composto por um porta-voz da entidade (geralmente o número um da corporação) e um substituto direto, pela equipe de comunicação ou assessoria de imprensa, por diretores e gestores (representantes da liderança), responsável pela segurança de informações e assessoria jurídica. A ideia é que esse time apresente um perfil contestador, criativo e intelectual, que seja inquieto e que questione o *status quo* – mas não há espaço para egocêntricos. Também é importante que não seja uma equipe grande demais, composta por cerca de seis a oito integrantes, não mais que isso. É muito mais difícil chegar a decisões quando se tem um grupo grande de pessoas. Finalmente, cada profissional deve ter sua função no Comitê claramente delimitada para evitar conflitos.

O passo seguinte é revisar a missão, os valores e a ética da organização. Em geral, grande parte das crises hoje se origina das redes sociais e da distância entre discurso e práticas empresariais. Por isso, veja se sua empresa realmente defende o que ela afirma, se é social e ambientalmente responsável, se de fato preocupa-se com a qualidade de vida dos seus funcionários, se segue uma postura ética perante o mercado. Faça a análise do código de conduta na corporação e defina regras e normas internas para líderes e liderados, todos precisam entender quais são os valores da empresa e necessitam dar bons exemplos de ética diariamente. Depois, fazer um levantamento das crises passadas (da própria organização ou de vizinhos) é um procedimento importante, pois sempre há aprendizados a serem alcançados. Os estudos de casos podem funcionar como guias para o planejamento de crise e ajudam na conscientização do próprio Comitê para futuros conflitos.

> "Não há nenhum conforto, nem acima nem abaixo, apenas nós... pequenos, solitários, lutando, brigando uns com os outros. Eu rezo para mim mesmo e por mim mesmo"
>
> **Frank Underwood**

A partir das análises feitas lá no início, um campo de ação precisa ser feito, em que o Comitê saiba quais são os pontos mais sensíveis da empresa e por onde devem ser iniciadas as primeiras ações efetivas para o controle e a correção. Entrevistas com os funcionários, visitas surpresas, rondas periódicas, investigação de denúncias anônimas, relatórios de auditorias, ações nos tribunais e sistemas de captação de reclamações internas também servem como pistas do que pode ser melhorado.

O responsável pela Comunicação necessita alinhar o discurso da empresa para o público interno e externo, de forma a não causar ruídos com ambos os públicos de interesse, ao mesmo tempo em que o porta-voz precisa ser escolhido com parcimônia, sendo alguém constantemente treinado a lidar com

Etapas de um ciclo virtuoso do gerenciamento de crises

ETAPA DE PROCESSO	O que você precisa ter para assegurar efetividade em cada etapa?
MAPEAMENTO DE RISCOS	Inventário de riscos/Mapa de riscos.
TREINAMENTO	Manual de crise atualizado; Apresentações e treinamentos constantes; Fluxograma de tratamento de crise.
MONITORAMENTO	Redes sociais e imprensa; Acompanhamento de todas as ocorrências; Conexão com as principais lideranças.
REAÇÃO	Posicionamento padrão para as questões mais frequentes; Comitê de Crise oficializado e treinado; Lista de todos os contatos úteis (dentro e fora da organização).
APRENDIZADO	Rever o processo, incorporando aprendizados; Revisar manual e incorporar no treinamento os aprendizados da crise; Apoiar a liderança da empresa na transformação da situação que gerou a crise.

FONTE: *Decálogo da crise: o que duas décadas me ensinaram*, de Rozália Del Gáudio, artigo do livro *Gestão de reputação: riscos, crise e imagem corporativa*, de Elisa Prado (Org.).

pressão, com momentos de estresse e com inteligência emocional. Constantemente, é tarefa do Comitê aplicar simulações e testes de crises, elaborando estratégias e planos de emergência para que surpresas não assustem nem representem um risco maior para a organização.

★★★★★

Mas o que fazer quando o problema é pessoal e interno, mas vaza para a imprensa? Sim, pois donos de negócios também podem se ver envolvidos em escândalos além do universo corporativo. Um exemplo disso aconteceu aqui no Brasil com Joesley Batista, um dos donos da JBS, uma das maiores indústrias de alimentos do mundo, fundada em 1953 no estado de Goiás. Em meio à delação que o executivo fez à Procuradoria Geral da República (PGR) que implicou dezenas de políticos e indicou as relações nada republicanas entre a empresa e o governo federal brasileiro, foram revelados áudios em que Joesley contava intimidades de sua vida pessoal ao ex-diretor do grupo J&F, Ricardo Saud. Como se já não estivesse enrolado até o pescoço, Batista ainda teve detalhes de sua conduta privada – e que não pretendia revelar à esposa, a jornalista Ticiana Villas Boas – divulgados para o País em diversos veículos de imprensa. Minuto após minuto, uma nova indiscrição de Batista sobre traições à esposa estampou as capas dos *sites* e dos jornais nacionais.

Claire enfrentou uma situação similar quando, na segunda temporada, teve sua relação com Adam Galloway revelada para a nação norte-americana. Remy Danton, agindo a serviço de Raymond Tusk, teve acesso a uma foto comprometedora de Claire dormindo na cama de Galloway. Com a divulgação da fotografia para a mídia, o casal Underwood se viu sob ataque de um país majoritariamente cristão e, como a série propõe, outra parcela que gosta de manter aparências cristãs por questões culturais. Um casamento aberto como o que os Underwoods tinham jamais seria aceito pelo povo, e este era um segredo que tanto Claire quanto Frank desejavam manter muito bem guardado.

Ainda que Claire tenha agido rapidamente para evitar danos ainda maiores à sua imagem e à de Frank, atuando contra Adam sem dó nem perdão, o desgaste causado por uma crise na mídia pode muitas vezes ser muito pior do que a solução de uma crise pessoal. Gasta-se muito tempo, esforço e paciência para a administração dos boatos, para calar as fofocas que surgem de todos os lados. Quando percebemos, os vizinhos estão falando daquilo, o seu médico, os caixas do supermercado, o programa da tarde, da manhã e até o jornal da noite, o mais visto em toda a grade televisiva do país.

A mídia, para o bem ou para o mal, é necessária, ainda que seja encarada por muitos empresários como uma belíssima pedra no sapato, daquelas bem pontudas. Por mais que seja fundamental para divulgar as benesses de seu produto ou serviço no mercado, é a mesma mídia que o perseguirá caso um produto tenha causado uma baita infecção em várias pessoas ou que o atendimento de sua empresa tenha tomado atitudes preconceituosas, por exemplo. A repercussão negativa é prato cheio para a instalação da crise e, se a mídia sente o gosto e aprova, segure-se! Lá vem bomba! Em especial nos dias atuais em que todo tipo de repercussão ganha amplitude até mundial com o uso das mídias sociais.

Crise para a mídia significa assunto, tema de matéria jornalística, "pano para manga". São as crises que vendem jornais, que dão audiência, que fazem a vida dos especialistas em economia, política, moda, saúde, educação... Enfim, grite a editoria

> "– Fique comigo. Somos nós contra eles. Sempre. Senão, qual é o propósito?
> **Frank**
>
> – Não posso, Francis. Não posso voltar e ser a primeira-dama.
> **Claire**
>
> – Não, não. Eu disse que você era nada no Salão Oval sem mim. Mas é o contrário."
> **Frank**

que quiser. Toda crise é a oportunidade que muitos jornalistas têm de brilhar, de iniciar um processo investigativo, de descobrir as manobras e as falcatruas presentes no sistema corporativo. É a chance de mostrar serviço e enriquecer o serviço. Para ajudar, esses profissionais costumam ser atentos, observadores, perspicazes, atrevidos e não têm medo de fuçar além do limite atrás de uma boa narrativa. Se sua ideia para superar uma crise com a mídia, principalmente uma crise pessoal que reverbera na empresa, é levar jornalistas "no papo" e deixar que ela se acabe sozinha, pense de novo. Isso não dará muito certo, tenha certeza.

De certa forma, a fotografia de Galloway foi o primeiro sinal para a imprensa de que as coisas no castelo dos Underwoods não funcionavam de maneira tão ortodoxa como todos pensavam. Na terceira temporada, quando Claire e Frank se veem diante da derrocada de seu relacionamento, a mídia não está totalmente excluída. Tudo se inicia quando, após o suicídio de Michael Corrigan, Claire externa seu lado humano e causa uma crise diplomática entre Estados Unidos e Rússia, exatamente no momento em que Frank e Viktor Petrov pareciam chegar a um consenso. Frank se enfurece com a esposa, mas por fim eles decidem renovar seus votos matrimoniais e restauram a união.

Entretanto, com a tensão entre os dois países que explode no Oriente Médio, mais uma vez Frank não hesita em colocar sua mulher na linha de tiro para melhorar sua imagem como candidato à presidência do país. O escritor Thomas Yates, contratado para escrever um livro sobre o projeto America Works, entende as tensões que existem entre o casal e expõe essas diferenças e nuances em seu primeiro capítulo, simbolizando o que mais para a frente se tornaria claro para a imprensa em geral. Quando Claire decide abandonar Frank no fim da terceira temporada e investir em sua própria trajetória política, a mídia não se cansa de especular quais as razões que levariam a primeira-dama a deixar seu esposo na reta final da campanha política.

O que nos interessa aqui é pensar qual é a maneira correta de reagir diante de uma crise acompanhada pela mídia. Assim como Frank e Claire jamais fugiram às perguntas insistentes de Yates, de Tom Hammerschmidt e de outros jornalistas em House of Cards, o empresário deve sempre enfrentar a enorme quantidade de questões que serão direcionadas a ele, mesmo que para algumas ele sequer tenha as respostas. Para isso, o Comitê de Crise mais uma vez pode ajudar o porta-voz, colocando em prática um treinamento para prever perguntas e respostas comuns ao tema. Ficar calado ou fugir da mídia diante de uma crise é das piores atitudes que o dono do negócio pode tomar. Até porque, caso o jornalista não consiga sua declaração, ele concluirá a matéria a partir de fontes alternativas, geralmente compostas pelo "outro lado" da história e que só podem piorar a situação. Nesse sentido, mostrar o rosto, admitir o erro (caso ele seja verdadeiro) e sua responsabilidade e ser transparente são as melhores armas para o combate à crise.

Em paralelo, o aconselhável é que se instale uma comissão preparada para investigar a fundo as razões daquela crise para resolver a questão. Por outro lado, no caso de crises pessoais que afetam a empresa, a transparência também vale, mas deve ser usada de maneira a não sujar ainda mais a imagem empresarial. A honestidade sempre é o melhor valor a ser explorado. Como diz o provérbio "à mulher de César não basta ser honesta, deve parecer honesta".

★★★★★★

Frank e Claire voltam a atuar lado a lado e se deparam com diversos conflitos resultantes tanto do lado político quanto do pessoal, como as denúncias que Tom Hammerschmidt começa a investigar, a morte da mãe de Claire e o crescimento da popularidade do republicano Will Conway. Contudo, o casal precisa dividir suas tensões com as eleições de 2016 e uma crise internacional que invade o país.

Dois seguidores de um líder terrorista, Yusuf Al Ahmadi, sequestram uma família norte-americana e exigem a libertação de seu mentor. Eles ameaçam matar toda a família caso não consigam uma linha direta de negociação com Conway. A mídia especula o porquê de os terroristas escolherem Conway – provavelmente devido à sua história nas Forças Armadas dos EUA –, mas Frank aceita o envolvimento de seu adversário e o acolhe na Casa Branca. Apesar de tomar as negociações em suas mãos e conseguir a libertação da mãe e da filha da família, Frank percebe que não há espaço para uma solução pacífica. Claire, por sua vez, tenta convencer Ahmadi a entrar na negociação e pedir que os terroristas mudem de ideia e liberem os sequestrados. O problema é que, após o acordo feito entre Claire e Ahmadi, o terrorista muda de ideia e avisa os sequestradores.

Em paralelo, Tom Hammerschimdt consegue dados suficientes para fechar o cerco a Frank Underwood e montar a história que liga o presidente a uma rede de manipulação, conspirações e assassinatos. Ciente do perigo e seguindo à risca a cartilha do gerenciamento de crise, o presidente convida o editor do The Washington Herald para conversar na Casa Branca e desmente todas as informações obtidas por Hammerschimdt, na esperança de convencê-lo. O jornalista, por sua vez, não se convence e opta por publicar a matéria, causando um duro golpe no casal. Aquele seria um primeiro passo para uma série de investigações que poderiam culminar no cancelamento de sua chapa para 2016 e até em prisão.

Diante da pressão, ambos decidem jogar com a última cartada possível. Sem consultar seus aliados e equipe, Underwood declara guerra ao terrorismo e anuncia que não negociará mais com os sequestradores. Em retaliação, os criminosos televisionam a morte do último refém, decapitando-o. A escolha por esse fim trágico, claro, se dá como estratégia principal para o gerenciamento das crises simultâneas que o casal enfrenta naquele momento. Criar o caos, a guerra e o medo com o objetivo de mostrar à população que eles precisam de um comandante de força, de atitude e que não se dobra às ameaças externas.

> "A política é uma questão de sobrevivência. A autoperpetuação é a essência do poder"
>
> Frank Underwood

Frank Underwood é seu rei e deve, apesar das denúncias, estar no cargo para proteger as famílias norte-americanas. Para isso, eles não hesitaram em criar o terror. Claro que a estratégia tem seu valor na ficção e jamais poderia ser usada como forma de desviar a atenção do público e da mídia sobre o que acontece realmente nos bastidores. Mas ela não é tão incomum no mundo político, infelizmente.

Na quinta temporada, porém, Frank vai até o limite da sanidade para tentar barrar o crescimento das crises, mas percebe que nem mesmo a manipulação das eleições presidenciais ou a ofensiva contra os terroristas puderam apagar todas as escolhas erradas que tomara desde a primeira temporada. Ao entender que seria seu fim, anuncia a renúncia do cargo de presidente e passa o posto para sua vice, Claire, na esperança de que ela lhe concederá o perdão presidencial e ele jamais será encarcerado pelos crimes cometidos. O problema é que Frank não joga essa partida sozinho, nunca jogou, e se vê obrigado a dividir os holofotes com Claire. Sua liderança forte e pragmática não funcionava mais, seu planejamento afundou, a sociedade até então perfeita tinha implodido. O que fazer, então? Recomeçar?

Para Claire, é sua vez. Sua vez de tomar o poder, de ser a líder, de dar as ordens, de comandar à sua maneira. De agir com ou sem honestidade, de manipular ou de confiar nos aliados, de encontrar meios para ter a população ao seu lado. Da mesma forma com que Frank e Claire buscaram o poder a todo o tempo durante cinco temporadas, a perseverança de ambos é notável e motivo de admiração.

Que tal usar essa força de vontade presente nos personagens e aplicar em sua empresa? Siga os passos do casal Underwood, pondere suas decisões e construa um caminho no mercado, uma trajetória pautada pelo compromisso com a qualidade, com a transparência, com a ética, com a fidelidade ao cliente. E que Frank não nos escute, ok?

Consulta Bibliográfica

Negócio fechado! A arte da negociação, de Paul Steele, John Murphy e Richard Russill.

Vantagem competitiva, de Michael E. Porter.

Como chegar à excelência em negociação: administrando os conflitos de forma efetiva para que todos ganhem, de Odino Marcondes Paula Júnior.

Administração estratégica, de Peter Wright, Mark J. Kroll e John Parnell.

Como construir marcas líderes, de David A. Aaker e Erich Joachimsthaler.

Administração de marketing, de Philip Kotler e Kevin Lane.

Liderança: uma questão de competência, de Jayr Figueiredo de Oliveira e Robson Moura Marinho (Org.).

Crises empresariais com a opinião pública: como evitá-las e administrá-las – casos e histórias, de Roberto de Castro Neves.

Comunicação Empresarial Integrada. Como gerenciar: imagem, questões públicas, comunicação simbólica, crises empresariais, de Roberto de Castro Neves.

Gestão de pessoas, de Idalberto Chiavenato.

Gestão estratégica de marcas, de Kevin Lane Keller e Marcos Machado.

Marcas Brand Equity: gerenciando o valor da marca, de David A. Aaker.

Gestão de riscos empresariais: um guia prático e estratégico para gerenciar os riscos de uma empresa, de Paulo Sérgio Monteiro dos Santos.

Gestão de reputação: riscos, crise e imagem corporativa, de Elisa Prado (Org.).

A magia dos grandes negociadores. Como vender produtos, serviços, ideias e você mesmo com muito mais eficácia, de Carlos Alberto Júlio.

Negociação total. Encontrando soluções, vencendo resistências, obtendo resultados, de José Augusto Wanderley.

Imagem & reputação na era da transparência. As boas práticas de comunicação a serviço dos líderes, de Elisa Miranda Prado.

Ética empresarial. A gestão da reputação: posturas responsáveis nos negócios, na política e nas relações pessoais, de Robert Henry Srour.

Imagem empresarial. Como as organizações (e as pessoas) podem proteger e tirar partido do seu maior patrimônio, de Roberto de Castro Neves.

Comunicação empresarial. A construção da identidade, imagem e reputação, de Paul A. Argenti.

O meu próprio negócio, de Rogério Chér.

Administração estratégica e vantagem competitiva, de Jay B. Barney e William S. Hesterly.

A construção do plano de negócio, de Antonio Renato Cecconello e Renato Ajzental.

Desavisado & Sabichão, de Paulo Vogel.

Diálogo: redescobrindo o poder transformador da conversa – criando e mantendo a colaboração no trabalho, de Linda Ellinor e Peter M. Senge.

Empreendedorismo: dando asas ao espírito empreendedor, de Idalberto Chiavenato.

Fundamentos do comportamento organizacional, de Andrew J. Dubrin.

O empreendedor: fundamentos da iniciativa empresarial, de Ronald Jean Degen.

O livro das competências: desenvolvimento das competências – a melhor autoajuda para pessoas, organizações e sociedade, de Enio Resende.

O Príncipe, de Nicolau Maquiavel.

Os 7 hábitos das pessoas altamente eficazes, de Stephen R. Covey.

Brand strategy, de John Murphy.

Impressão e Acabamento:
Gráfica Oceano